AF607542

OLIMPO

Mitología Romana

· Mitología e historia ·

Mitología Romana

Francesc Ll. Cardona

MITOLOGÍA ROMANA

Edita: Olmak Trade S.L.
C/ Roca Plana 1
08110 - Montcada i Reixac
Barcelona (España)

www.olmaktrade.com
info@olmaktrade.com

Impreso en España / Printed in Spain

I.S.B.N: 978-84-10109-92-6
Depósito Legal: B 22585-2024

INTRODUCCIÓN

El tópico de que la Mitología romana es un plagio o una continuación de la griega con nombres latinos no es exacto, y encierra sólo un parte de verdad. La Mitología romana posee mucho de original y quien se precie de haber profundizado en el mundo helénico leyendo nuestra Mitología griega de esta colección, hará bien en adentrarse en el romano para poseer una visión completa y acabada de eso que los eruditos han denominado Mitología clásica. Para facilitarles la tarea y dándonos cuenta de que nuestra misión estaba hoy incompleta, hemos preparado esta Mitología romana con la esperanza de dar cumplida satisfacción a los que deseaban seguir aquel consejo.

Sin lugar a dudas, el relato de la historia de Roma, base necesaria para el estudio de la mitología, es uno de los más maravillosos y trascendentales de la Humanidad. Roma creó una cultura singular, sabiendo escoger lo mejor de los pueblos anteriores, añadiendo a ello su ingenio peculiar y legando a la posteridad la huella imborrable de toda su actuación.

Actualmente, a muchos siglos de distancia, son numerosos los países que todavía se alimentan de la cultura romana, pudiendo afirmarse que nadie, ni siquiera los que vivan más al margen de su historia, se sustraen por completo de aquellos pilares básicos que fueron sustentáculo de su civilización: lengua, costumbres, arte, literatura, legislación, sentido de la unidad, religión, mitología… Finalmente, en otro orden de cosas, en el aspecto humano y espiritual, la rapidez de difusión del cristianismo no puede explicarse sin la cohesión y la extraordinaria organización del Imperio Romano.

Para nuestro mundo occidental, Roma no ha muerto. Cierto que sin el aliento helénico, su Historia no hubiera, con toda seguridad, conquistado las elevadísimas cimas que alcanzó. Mas de no existir Roma, el legado griego se hubiera perdido para siempre y los pueblos bárbaros, bebiendo ávidamente de sus despojos, no hubieran hecho nacer fecundamente los modernos estados europeos.

El marco geográfico

La península italiana se halla en una posición central en el Mediterráneo, siendo camino obligado por el norte, a pesar de los Alpes, con los países

del centro de Europa, y por el sur se continúa con la cercana isla de Sicilia, no lejos de África.

La cadena de los Apeninos actúa como «espina dorsal» paralela a los mares Adriático y Tirreno. Al norte, la extensa llanura del Po, que los romanos denominaron Galia Cisalpina, por poblarla los galos, con un clima continental más frío que el resto peninsular, se extiende hasta los Alpes. La sequedad climática mediterránea crea en las laderas de las montañas el matorral, donde pastan en gran número las ovejas trashumantes.

En pequeñas llanuras que se abren a los mares, se dan con generosidad el trigo, el olivo, la vid y los árboles frutales, las más famosas son las bañadas por el Tirreno: *Etruria* a orillas del Arno, *el Lacio* regado por el Tíber y *la Campania*, cuyo paisaje preside la enhiesta cima del Vesubio.

Los habitantes

Italia como el resto de Europa, fue habitada por el hombre desde la época más prehistórica. El primer pueblo del cual tenemos noticia en el Neolítico, es el de los *ligures*, de origen ario o indo-europeo, que penetraron en Italia procedentes del noroeste de la península de los Balcanes.

Hacia el año 1100 a.C. llegaron los *italiotas* (conocedores del hierro); igualmente indoeuropeos, del mismo tronco racial que los dorios helénicos que provocarían en Grecia la entrada en la Historia propiamente dicha. Los italiotas, tras arrinconar a los ligures en la región de la actual Liguria (Génova), ocuparon las montañas y los valles del centro de la península, distribuyéndose en tribus, entre las que caben destacar la de los latinos, campanios, sabinos, samnitas y lucanios.

A principios del siglo VIII a.C., encontramos en la región regada

Los etruscos fueron grandes expertos del trabajo de los metales preciosos, singularmente las joyas, como puede apreciarse en este pendiente de oro, fabricado a finales del siglo VI a. C.

por el Arno, que de ello recibirá el nombre de Etruria, al misterioso *pueblo etrusco.* Constituyeron poblados autónomos gobernados por un rey o *lucumón*; más tarde, formaron una confederación de doce ciudades que dominó toda la Italia central, extendiéndose su influencia al valle del Po y a la Campania.

Su origen, acerca del cual existían diversas opiniones desde la antigüedad, parece que pueden fijarse en la costa de Asia Menor. Al ser desplazados por las invasiones indoeuropeas, los *etruscos*, *tursha, tirsenos* o *tirrenos* (de donde se deriva el nombre de mar Tirreno), formaron parte de los denominados «pueblos del mar» que de forma más o menos pacífica, intentaron invadir Egipto, siendo rechazados a comienzos del siglo XII a.C. por Ramsés III. Rehechos del descalabro, lograron establecerse en la región italiana antes mencionada, y aun parece que algunos núcleos abordaron Sicilia mientras que sus hermanos, los *shardana*, lo hicieron en la isla de Cerdeña.

Es curioso cotejar estos datos históricos con la Eneida, poema en que el poeta Virgilio (siglos I a.C. - I d.C.) explica los orígenes de Roma, haciendo llegar a su héroe Eneas desde la destruida Troya, en Asia Menor, en una larga peregrinación por mar, y que nosotros vamos a desarrollar en síntesis a continuación.

* * *

LEYENDAS HISTÓRICAS

Las Aventuras de Eneas

Yo soy aquel que en otro tiempo modulé mi canto con la grácil flauta, y, habiendo salido de las selvas, obligué a los vecinos campos a que obedecieran al cultivador… pero ahora cantaré las horrendas armas de Marte y al varón que, prófugo por causa del destino, vino el primero desde las riberas de Troya a Italia y a las costas lavinias…

Y padeció guerra y trabajos mil por causa de la rencorosa Juno, hasta que hubo fundado la ciudad de Lavinio, e introdujo sus dioses en el Lacio, de donde procede el linaje latino y los patriarcas albanos y las murallas de la altiva Roma.

VIRGILIO, *La Eneida*

Eneas aparece ya en el poema helénico la *Ilíada*, atribuido a Homero, como esforzado guerrero que llegó a desafiar al mismo Aquiles. El propio Neptuno[1] le había profetizado que no moriría en la guerra de Troya. El poeta romano Virgilio, inspirándose en esta revelación, dio cima a su gran obra, la *Eneida*, que serviría de enlace entre los tiempos mitológicos de Troya con la primera época del Lacio, anticipo de la futura Roma.

Añadamos como hecho trascendental para nuestra historia el que a partir del siglo VIII a.C., el sur de Italia y la isla de Sicilia recibieron un nuevo elemento de población que había de transformar profundamente las condiciones de su existencia: *los griegos*, los cuales fundaron tal profusión de colonias en suelo itálico meridional que el territorio se denominó con justicia la *Magna Grecia*, y de ellas irradió al resto de la península el conocimiento del alfabeto, haciendo que Italia culminara su entrada en la plenitud de los tiempos históricos.

Virgilio escribió su poema durante el reinado del fundador del imperio: Octavio Augusto (29 a.C. - 14 d.C.), creando así el mito de los orígenes del pueblo romano. Debía ser el superviviente de Troya el encargado por los dioses de fundar en el Lacio un Imperio que recordara a las generaciones venideras la grandeza de Ilión. El mito de Eneas, que relatará una llegada plenamente comprobada de gentes procedentes del Este a Italia, será el más grandioso empeño de la historia de Roma por asimilar un origen casi fabuloso de la nueva Troya, concediendo a los vencidos de ayer la definitiva victoria final.

Según la leyenda, el padre de Eneas fue Anquises, rey de los dárdanos, pueblo vecino y aliado de los troyanos dedicado al pastoreo. De joven, el placer de Anquises era vagar por campos y montañas de su país, y sucedió que Júpiter deseaba escarmentar a su hija Venus haciéndola enamorarse de un mortal, y a Anquises, joven y apuesto, aquello le vino como anillo al dedo. Así que hizo concretar la atención de la hermosísima diosa en el bello príncipe dárdano y, cuando éste se retiró a descansar al caer la noche en la cabaña de un porquerizo, se llegó hasta él transformada en una princesa humana, y el resto puede imaginárselo el lector con colores más bonitos que los que nosotros podamos proporcionarle.

Tras aquella fugaz, pero completa noche de amor, Venus reveló a Anquises quién era y le prometió que protegería al hijo que de él había concebido con

---

1. Véase el cuadro de equivalencias de los dioses romanos con los griegos al final del libro.

tal que aquella unión se mantuviera en secreto. Nació Eneas. Pero Anquises, que al fin y a la postre era un pobre mortal, terminó por vanagloriarse con sus amigos del divino «ligue» que había conseguido y entonces Júpiter, al que no le costaba mucho encolerizarse, lanzó su mortífero rayo contra el monarca dárdano, pero Venus, recordando aquella noche, pudo desviar la chispa, aunque ésta tocó a su amado, dejándole cojo para siempre.

Convertido Eneas en un guapo mozo, cuando los griegos se dispusieron a castigar el rapto de Helena por Paris y se inició la denominada guerra de Troya, Eneas acudió como aliado en defensa de la ciudad. Casó con Creúsa, hija del rey Príamo, de cuyo matrimonio tuvo un hijo llamado Julio Ascanio, del cual, según la leyenda, descendería Julio César.

Durante el largo asedio, Eneas se distinguió siempre por su piedad y prudencia. Partidario de la paz con los griegos, opinó que Helena había de ser devuelta a su esposo Menelao, pero no por ello dejó de combatir heroicamente, sin desfallecer ante Menelao, Antíloco o el feroz Aquiles.

El día de la terrible noche de la destrucción de la ciudad, tras la estratagema del caballo, Eneas se despertó sobresaltado por el ruido de armas y los gritos de angustia y de venganza. Al comprobar la triste realidad, se dispuso a vender cara su vida y la de sus familiares. Luchando hasta la extenuación, percibió a la hermosísima Helena, que escondida aguardaba acontecimientos.

Blandió la espada, deseando descargarla sobre la que creía causa de tantos males, cuando su divina madre le detuvo:

«Hijo, le dijo Venus, no te dejes ganar por la ciega ira, porque ella no ha tenido ninguna culpa, son los dioses y por encima de ellos el Destino, los que han decretado que las cosas ocurrieran de este modo. Volverás a casa, cogerás a tu anciano padre y a tu hijo y te harás a la mar porque tu glorioso futuro se halla en otra parte. Yo os protegeré.»

Después de estas palabras desapareció, pero Eneas sintió que su madre guiaba sus pasos y se reanimó. Sin embargo, fue necesario que a Ascanio le saliera un halo luminoso de la cabeza sin dañarlo, además de un espantoso trueno, para que el viejo Anquises se decidiera a seguirles. Cuando iniciaban la marcha, cayeron en la triste verdad: ¿y Creúsa? ¿Dónde estaba? Con gran trabajo, Eneas rehizo lo andado llamándola una y otra vez. Ya había perdido toda esperanza, cuando ante el héroe se le apareció el fantasma de su mujer, procedente del más allá.

«Los dioses lo han querido así, no te apenes, marido amado, le dijo con dulzura, tú encontrarás una nueva vida tras el proceloso mar en las tierras de Poniente, cuida de nuestro hijo. Ánimo y adelante.»

Eneas intentó detenerla, pero su mano se desvaneció en la suya como un susurro…

Cuando su nave zarpó de Troya se le unieron numerosos fugitivos troyanos con el deseo de encontrar una nueva patria, pero sin saber dónde. Primero se dirigieron a Tracia, pero allí fueron mal recibidos. Después las

Retrato idealizado de Virgilio entre las musas Calíope y Talia. En las manos del poeta, unos versos manuscritos de su poema, *La Eneida.*

corrientes y los vientos lo llevaron hasta la isla de Delos, en donde se hallaba el famoso templo dedicado al dios Apolo. Eneas oró en él, implorando consejo a la divinidad.

Pronto alcanzaron Creta y, sin problemas, iniciaron los cimientos de una nueva ciudad, pero cuando se acercaba el tiempo de la cosecha se propagó entre los peregrinos una misteriosa epidemia que los dejó muy diezmados.

Una noche los dioses troyanos se le aparecieron en sueños a Eneas y le manifestaron que el verdadero destino de sus gentes se hallaba más a occidente, en las tierras itálicas. Seguidamente le ordenaron la marcha cuanto antes hacia ellas.

Eneas comunicó a los suyos el deseo divino y éstos se alegraron por la seguridad de que algún día finalizarían sus penalidades. Para que cuanto antes sucediera, se hicieron pronto a la vela, pero la navegación fue cada vez más dificultosa.

Pero apenas habían perdido de vista el litoral cretense, una repentina tempestad dispersó la flota, los supervivientes arribaron nuevamente hambrientos a tierra y allí sacrificaron algunas cabezas de ganado para saciar su acuciante apetito. Al disponerse a hacerlo, oyeron un espantoso chirrido y, sin poder reponerse, las horribles Harpías les robaron el alimento e intentaron terminar con ellos. Los troyanos se aprestaron para la defensa, pero el vuelo rasante de los monstruos les impidió herirlas.

A toda prisa abandonaron aquellas tierras poniendo rumbo al noroeste de Grecia, en donde con gran alegría se encontraron con Andrómaca, la mujer de Héctor. Tras haber sido esclava del hijo de Aquiles, muerto éste, pudo casarse con Heleno, que algunos lo hacen hijo de Príamo y adivino troyano.

Heleno y Andrómaca gobernaban entonces aquel territorio y concedieron una excelente hospitalidad a Eneas y los suyos. Como el héroe troyano supiera que su anfitrión poseía dotes adivinatorias, le preguntó sobre el porvenir que le aguardaba. Heleno, después de ofrecer un sacrificio a Apolo, fue inspirado por el dios y manifestó a Eneas que todavía tenía un largo viaje por delante y muchísimos peligros que sortear, pero que al final saldría airoso de la empresa.

Antes de partir de nuevo, Heleno dio a los troyanos útiles consejos para la travesía, además de abastecerles a rebosar y de ofrecerles armas y magníficos regalos de oro y plata.

Los troyanos solicitaron el auxilio de los dioses y una magnífica brisa les enderezó el rumbo hasta divisar el litoral siciliano. Costearon muy cerca del volcán Etna, que daba muestras de continua actividad. Tocaron tierra al atardecer y cuando se dispusieron a acampar llegó hasta ellos un extraño y miserable personaje, contándoles que se hallaban en grave peligro porque aquella era la tierra de los cíclopes y él era un superviviente de la expedición de Ulises, que había dejado ciego al rey de ellos. Sigilosamente, Eneas y los suyos volvieron a la mar y, cuando ya se hallaban fuera de peligro, vieron a lo lejos salir al terrible Polifemo y a sus compañeros, que intentaron inútilmente alcanzarlos con sus lanzamientos de enormes piedras.

Nerviosos por lo que les había acontecido, erraron el rumbo y fueron a caer entre el torbellino de Caribdis y las rocas, en donde vivía un monstruo de seis cabezas llamado Escila. Las olas eran tan altas que parecía que tocasen las estrellas y tan profundos los senos que las separaban que se podían ver los abismos del mar, amén de que el monstruo lanzaba sus horribles zarpazos contra las frágiles naves.

La culpable de todo este desaguisado era Juno, esposa de Júpiter, que no había olvidado que un troyano, Paris, la había preferido en beneficio de Venus. Juno, protectora por aquel entonces de Cartago, intentó hacer lo imposible para que Eneas pereciera y prometió a Eolo, el rey de los vientos, la ninfa más bella como esposa si utilizaba toda su fuerza para hundir las naves troyanas.

Cuando la situación era insostenible para Eneas y los suyos, intervino Neptuno, dios del mar, dolido porque Eolo había revuelto sus dominios. Reprimió al dios de los vientos y apaciguó el mar. Los troyanos aprovecharon este respiro y desembarcaron en el norte de África, junto a Cartago.

Cartago era gobernado por la reina Elisa o Dido, viuda muy hermosa, y la ciudad poseía un formidable puerto y unos excelentes edificios, tanto públicos como privados. Juno intentó que Eneas cayera en el excelente plan que había urdido y de esta forma no pudiera conseguir la meta para la que había sido predestinado. Dido se enamoraría del héroe troyano y ésta a su vez sería correspondida, jugando con el factor de que, hacía poco, Eneas había enterrado las cenizas de su padre Anquises en la ciudad siciliana de Drepanum, no lejos de un bello templo dedicado a Venus, a la que siempre le había sido fiel. El gran dolor que sentía por pérdida tan irreparable, podía muy bien ser utilizado por la taimada Juno. Lo más probable es que Eneas, una vez casado con Dido, se olvidara para siempre de su divina misión como soberano de la hermosa ciudad de Cartago.

Pero Venus sospechó lo que tramaba su divina colega y estaba decidida a impedirlo con todas sus sobrenaturales fuerzas. No es que no quisiera que su hijo no gozara por un tiempo de los placeres de un amor bien merecido después de tantos trabajos y sufrimientos que había tenido que soportar, eso no le podía ocurrir a una diosa que por encima de todo estaba consagrada al amor, pero lo que no quería es que Eneas se quedara junto a Dido hasta su muerte y se truncara así el alto destino que le aguardaba. Lo sentía por la bella y abnegada cartaginesa, pero antes era el futuro esplendoroso de su hijo que las lágrimas de una mujer abandonada, mortal al fin y al cabo.

Marchó al Olimpo y parlamentó con Júpiter, que como siempre le reprochó su ligereza de conducta, pero al final, por muy «padre de los dioses que fuera», terminó rendido ante los ojos arrasados en lágrimas de la hermosa sobrenatural que suplicaban por su hijo Eneas, y Júpiter transigió. Eneas sería el principio de una raza que dominaría el mundo y él haría todo lo posible para que esto se cumpliera.

Reconfortada con estas promesas, Venus se despidió de su jefe celestial y su divino hijo Cupido le aseguró que Eneas y Dido gozarían del amor intensamente, pero sólo por algún tiempo…

Mientras Eneas y sus compañeros exploraban con desconfianza la región, les salió al encuentro una gentil cazadora que les explicó dónde se hallaban y cómo debían dirigirse a la ciudad de Cartago, en donde su reina les ayudaría. Al ir Eneas a darle las gracias se dio cuenta que estaba hablando con su madre, cuando ésta ya había desaparecido, no sin esparcir entre los troyanos una neblina que les acompañaría hasta el interior de la población, y así pudieron franquear sus puertas y su guardia sin ser vistos. Una abigarrada multitud iba a sus negocios de acá para allá, reflejando la riqueza comercial de aquella población y sus gentes.

Llegaron hasta el mismo centro de Cartago y allí vieron cómo se estaba terminando la construcción de un templo dedicado a Juno, la protectora de la ciudad. Mientras estaban admirando sus bellos relieves, descubrieron con alegría escenas alusivas a la guerra de Troya y los temas estaban tratados con exquisita imparcialidad, resultando emotiva la muerte de Héctor y las súplicas de Príamo a Aquiles para que le dejase realizar las correspondientes honras fúnebres: «Estamos salvados, pensó Eneas, aquí también se llora, sus corazones se emocionan con todos los sentimientos de los mortales.»

Sin embargo, no sabía cómo podría llegarse ante la reina. Absorto en estos pensamientos, no reparó que la comitiva de la mismísima Dido había llegado hasta el templo y la soberana, escoltada por su guardia y cortesanos, había penetrado en el interior del edificio tomando asiento en un esbelto trono situado en el centro del recinto. Desde allí empezó a dictar leyes hasta que Venus quiso que los troyanos se fueran haciendo visibles y tuvieran que identificarse.

Dido los acogió con una calurosa bienvenida y preguntó por su jefe Eneas, si los hados adversos habían terminado con él. Fue entonces cuando la neblina se disipó también del héroe y éste se dio a conocer.

Ninguna persona como la soberana de Cartago sabía lo que representaba haber sido fugitiva de su patria: el esposo de Dido, rey de Fenicia, fue asesinado por un usurpador y ella tuvo que huir con sus partidarios para poder salvar la vida, y tras navegar errantes por el Mediterráneo, Cartago les acogió favorablemente y fue su segunda patria.

Ofreció un opíparo y reconfortante banquete a los recién llegados, que tanto necesitaban, y cuando hubo recuperado fuerzas, Eneas narró sus aventuras a la reina con tanta gallardía que pronto en el corazón de Dido se inflamó el amor por el héroe troyano.

Al día siguiente, la reina organizó una cacería en honor de sus huéspedes. Ésta se desarrolló sin contratiempos hasta que al atardecer Juno ennegreció el cielo y envió torrentes de lluvia y granizo. Cartagineses y troyanos buscaron rápidamente un improvisado refugio y Dido y Eneas encontraron pronto una confortable cueva que se diría que alguien la había interpuesto en su camino y allí ambos se entregaron al amor sin poder hacer nada para evitar lo que Juno, por motivos muy diferentes de los que Venus, había planeado.

Pasó el tiempo y Eneas llevaba a Cartago una vida regalada junto con sus compañeros, hasta que a Dido, con la alegría de sentirse una mujer amada, se le escapó la palabra *bodas* para describir su unión con el héroe troyano. Tal situación llegó a oídos de un antiguo pretendiente de la reina, bárbaro soberano vecino de Cartago que una y otra vez había recibido «calabazas». De costumbres primitivas, se tenía por hijo del propio Júpiter y de una ninfa africana.

El terrible monarca realizó un sacrificio a su supuesto progenitor y le reprochó la poca ayuda que había tenido para conseguir a la bella cartaginesa, mientras que un vagabundo la había hecho suya a las primeras de cambio.

Fue entonces cuando Júpiter recordó la promesa realizada a Venus y decidió terminar con aquel hermoso idilio. A tal fin envió a su mensajero, el divino Mercurio, quien encontró a Eneas actuando en Cartago como

Octavio Augusto, fundador del Imperio Romano. Durante su reinado se alcanzó la Edad de Oro de la Cultura y Civilización romanas. En esta estatua de mármol del Museo Nacional Romano, se le representa idealizado y casi divinizado. idea completada por el niño que se agarra a la pierna derecha del Emperador, a semejanza de un «amorcillo» o numen protector.

verdadero soberano.

«¡Vergüenza sobre ti, Eneas! ¿Has olvidado tu destino y el destino de tu hijo? El padre de los dioses me envía hasta ti y te exige que salgas en seguida y busques el reino para el que estás destinado.»

Fue como un velo invisible que se le cayera de los ojos. Eneas recordó entonces que ya era tiempo de partir. Sentía una indecible tristeza por abandonar a la pobre Dido, pero los designios del cielo no podían ser desobedecidos. Ordenó a sus hombres que prepararan la flota y entonces se desencadenó el drama.

Dido acudió presurosa a la playa y le increpó: «¡Traidor! ¿osas abandonarme cuando hasta yo misma me he entregado a tus caricias? ¿qué te he hecho para que respondas de esta manera?»

Eneas intentó consolarla como pudo y le explicó la alta misión que los dioses le habían encomendado. Por otra parte, no era todavía su esposo y podía abandonarla cuando lo considerara oportuno. «Cesa por tanto en tus lloros, le imploró, pues sólo consiguen llenarnos de aflicción a ambos.»

Dido no podía entender las razones, su sentimiento se hallaba por encima de la fría realidad y corrió a refugiarse en el rincón más oculto de palacio, en donde dio rienda suelta a un amarguísimo llanto.

Con el mayor sigilo, los troyanos levaron anclas cuando las sombras de la noche lo invadieron todo. Sabían que si la reina daba una orden a sus soldados su marcha hubiera sido imposible. Eneas volvió por última vez los ojos a Cartago y entonces le sorprendió un fantasmagórico resplandor. Dido había aparejado una pira funeraria a la que había echado todas las pertenencias de su amado, y una vez prendido fuego a todo ello, se había arrojado a las llamas, no sin antes impetrar a los dioses una venganza.

Un viento favorable llevó a la flotilla de nuevo a Sicilia, al lugar en donde descansaban los cenizas de Anquises. El soberano y sus súbditos tributaron a los viajeros una magnífica bienvenida.

Esta vez Juno se valió de los restos del padre del héroe para intentar retenerle e insufló en el corazón de los troyanos el deseo de construir allí una gran ciudad y terminar sus aventuras. Para ayudarse en su tarea aprovechó los brillantes juegos deportivos marinos y terrestres tributados en memoria de Anquises para que, cuando más enfrascados se hallaban en su contemplación, enviar a Iris, su mensajera, disfrazada de vieja, y animar a las mujeres a quemar las naves troyanas con el fin de imposibilitar la marcha de tan apuestos héroes.

Suerte que Eneas se hallaba vigilante y en cuanto se dio cuenta del desaguisado oró a Júpiter y el padre de los dioses envió una copiosa lluvia que llegó a tiempo de sofocar el incendio, quedando dañadas sólo cuatro naves.

Durante algunos días Eneas permaneció desconcertado, hasta que una noche se le apareció Anquises en sueños y le manifestó que le enviaba Júpiter para decirle que escogiera los mejores de sus hombres y se los llevara con él al Lacio, mientras el resto podía quedarse allí con todas las bendiciones por parte del Olimpo.

Así lo hizo Eneas y el viaje hasta la costa occidental de Italia fue placentero. Sólo tuvo que lamentar la pérdida de Palinuro, experto y fiel piloto que se ahogó, según había decretado el Destino, durante la travesía.

Como fuera que llegaba el día, Anquises no había tenido tiempo de terminar su mensaje y sus predicciones y había advertido a su hijo que lo fuera a buscar a los Infiernos, en donde terminaría por darle los detalles para culminar con éxito su empresa.

Una vez en tierra firme, Eneas recordó que para ello, tal como le había aconsejado Heleno, debía buscar la caverna de la Sibila de Cumas, sacerdotisa de Apolo, quien por inspiración del dios profetizaba e interpretaba sus mensajes.

La encontró y ella misma se prestó a conducirle al mundo de los muertos. Aunque la empresa era peligrosa y le explicó cuantas dificultades encerraba. No obstante si aquel era su deseo, ante todo debía cortar una ramita de oro que crecía de un prodigioso árbol para ofrecerla como obsequio a Proserpina, reina del mundo infernal.

Acompañado de su fiel Acates, Eneas buscó la ramita y entonces vieron dos palomas, mensajeras de Venus, que guiaron a los tres expedicionarios hasta el mismísimo lago Averno, una laguna cuyas aguas eran negras y nauseabundas, en uno de cuyos bordes y oculta por un denso follaje se abría la entrada de una gruta que, según la Sibila, conducía al mundo subterráneo.

Las palomas detuvieron entonces su vuelo y a continuación dieron varias vueltas alrededor de un extraño árbol. Eneas percibió en él un extraño resplandor y descubrió la rama que lo producía. Lleno de alegría cortó una pequeña porción sin dificultad, contemplando perplejo como rebrotaba otro esqueje en el mismo sitio. Acto seguido, se la llevó a la Sibila.

Ésta le aconsejó entonces que realizara un sacrificio a Hécate, la diosa de la Noche, y cuatro bueyes negros como el azabache fueron ofrendados a aquella poderosa deidad de Ultratumba que interesaba complacer. En el preciso momento en que las víctimas se consumían en el altar en llamas, rugió la tierra y tembló bajo los pies del valiente troyano, al tiempo que se oían horrendos ladridos de perros; la Sibila gritó entonces a Eneas: «¡Ahora bravo troyano, revístete de valor!» y se precipitó en las entrañas de la caverna. Eneas la siguió sin estremecerse.

A tientas desembocaron pronto en una oscura región en la que vagaban en la penumbra monstruos aterradores como la pálida Enfermedad, el roedor Deseo, el Hambre, la Guerra y la Discordia, con sus cabellos ensangrentados llenos de voraces serpientes. Eneas, espada en mano, se hallaba dispuesto a blandirla contra aquellas horribles visiones, pero la Sibila le detuvo, manifestándole que era inútil porque no tenían sustancia material, eran tan sólo sombras.

Pasaron pues sin que nadie les molestara y llegaron a un paraje donde vieron a un repugnante anciano que vestía hediondos harapos y con cara de pocos amigos que se dedicaba a pasar seres de una a la otra orilla; lo curioso es que en su barca admitía a los que quería y rechazaba a otros muchos desgraciados.

«Hemos llegado al lugar en donde se juntan los dos ríos del mundo subterráneo, el Cocito que significa lamento y el Aqueronte —manifestó la Sibila a Eneas y continuó—. El barquero se llama Caronte y solamente elige como viajeros a los que han sido sepultados con un óbolo, el resto está condenado a vagar errante como fantasma hasta que al cabo de cien años encuentre algún lugar de reposo.»

Cuando Caronte percibió a los intrusos montó en cólera: ¿Cómo los vivos osan llegar hasta aquí? «No temas —respondió la Sibila—, éste es el troyano Eneas, valiente y bueno a la vez, que desea entrevistarse con su padre que habita en la morada de los bienaventurados.» Esto y la visión de la ramita que traían para Proserpina terminó por convencer a Caronte, que los embarcó hasta la otra orilla, no sin que el débil esquife, poco acostumbrado a llevar seres vivos, crujiera amenazante.

Cuando saltaron de nuevo a tierra se encontraron con el Cerbero, monstruoso perro de tres cabezas que ladraba impidiendo el paso. La Sibila le ofreció un trozo de pastel que contenía un narcótico y el Cerbero se durmió bajo sus efectos. Los viajeros se adentraron más y presenciaron como Minos, hijo de Europa y juez inflexible de los muertos, pronunciaba sus inapelables sentencias.

Poco después alcanzaron los Campos del Llanto y la Aflicción, repleto de desgraciados amantes cuyo dolor les impulsara al suicidio. Entonces Eneas tuvo la gran alegría y la terrible pena a su tiempo de encontrarse de nuevo con Dido, la desgraciada reina que tan apasionadamente le había amado. Se dirigió hacia ella y le dijo con ternura: «¿He sido yo la causa de tu muerte? Te abandoné en contra de mi voluntad, te lo juro». Dido ni le miró, ni le contestó; más fría que una estatua de mármol dio media vuelta y desapareció entre las sombras. Las lágrimas se agolparon a los ojos de Eneas, que no pudo disimular la emoción por el trágico destino de la soberana.

Caminaron un poco más hasta que llegaron a una encrucijada de caminos. Del de la izquierda se oían enormes gritos de dolor y chirridos de cadenas. El troyano se detuvo lleno de temor. La Sibila le animó, explicándole que en aquella dirección se iba al lugar de los condenados en el que Radamante, hijo también de Europa, castigaba a los malos. Debían de fijar la ramita de oro en la pared que se hallaba frente a la encrucijada y tomar el camino de la derecha que conducía a los Campos Elíseos, morada de los bienaventurados, allí encontraría pronto a su padre.

Y por fin la meta de tan largo y azaroso viaje: ¡la morada de los héroes, de los grandes hombres, los justos, los poetas y las de todos aquellos que los humanos recordaban porque habían derramado el bien para los demás! Eneas vio a Orfeo, a Dárdano, fundador de Troya, y a tantos otros solazándose con sus caballos, sus carros, sus armas o sus instrumentos musicales o rollos de papiro como lo habían hecho en vida.

Eneas descubrió entonces a su padre y, lleno de alegría quiso abrazarle, pero se dio cuenta que entre un ser vivo y una sombra esto era imposible y aguardó las noticias de su progenitor.

Anquises enseñó a su hijo el milagroso río del olvido, en donde vio una impresionante multitud que, por turno y según designación, aguardaba beber en aquellas misteriosas aguas para volver a la tierra y reencarnarse de nuevo. Eneas conoció por boca de su padre a todos sus descendientes y la gloria que les esperaba: entre ellos se hallaba Octavio César Augusto, el fundador del Imperio. A continuación explicó a su hijo lo que le aguardaba en Italia y cómo debía sortear los peligros que se le presentarían.

Llegó la hora de separarse. Eneas, confortado con el parlamento paterno y acompañado de la Sibila, regresó pronto al mundo de los vivos.

El héroe preparó nuevamente a sus hombres y, tras despedirse de su fiel acompañante, ordenó la marcha de la flotilla hacia tierras situadas más al norte.

Ayudados por una suave brisa enviada por Neptuno, los troyanos tocaron pronto en un litoral que pertenecía al pueblo de los latinos, en donde el oráculo había predicho a su rey que su hermosa hija Lavinia se casaría con un extranjero.

Hasta entonces el más firme candidato a ello era Turno, rey de los rútulos, vecinos de los latinos, cuyo apuesto talante había ganado el ánimo de la reina Amata, pero dos extraños acontecimientos habían hecho retardar la decisión al rey Latino. El primero fue un enjambre de abejas que construyó la colmena en los jardines del propio palacio real y el segundo todavía más extraordinario, los cabellos de Lavina comenzaron a arder formando un prodigioso halo alrededor de su cabeza, pero sin producirle el menor daño.

El adivino del monarca le explicó que las abejas anunciaban la pronta llegada de los extranjeros y el establecimiento en sus tierras, cuyo jefe se desposaría con su hija. Mientras que el segundo indicaba que Lavina se llenaría de radiante felicidad y no sufriría ningún daño, y para ello se necesitaría el concierto de una guerra devastadora simbolizada por el fuego.

Cuando el rey Latino tuvo noticia de que los troyanos habían desembarcado en sus costas les envió una amistosa embajada, así como la recomendación de que Eneas fuera pronto a entrevistarse con él.

Así lo hizo y Latino tuvo la seguridad de que se hallaba ante su futuro yerno. A todo esto, Juno no podía permanecer sin actuar al ver que su odiado troyano iba a salirse con la suya y puso todo su poder en marchar para que el Destino no se cumpliera o por lo menos lo intentó.

Primero envolvió la mente de la reina en la más espantosa locura en contra de los recién llegados. Seguidamente envió como mensajero a Turno a la más terrible de las Furias, para indicarle que se diera prisa si no quería ver cómo Lavina se casaba con otro.

La locura de la reina y la predicción del oráculo dejaron al monarca Latino desconcertado, además Juno había sembrado el odio hacia los extranjeros troyanos. ¿Cómo compaginar una cosa con la otra? En esta tesitura, Latino se lavó las manos y aguardó acontecimientos. Eneas no podía pues contar con ayuda de su futuro suegro. Sus hombres eran pocos y tenía que buscarla donde fuera.

Mientras tanto, Turno había llegado al Lacio en son de guerra con un gran ejército y no estaba dispuesto a ir a una boda sólo como invitado; las tropas de Latino, sin comprender la conducta de su monarca, se le unieron también. Difícil lo tenían los pobres troyanos.

Eneas y los suyos tuvieron por el momento un respiro. Era costumbre que las puertas del templo dedicado al dios Jano, cuando se avecinaba un conflicto bélico, fueran solemnemente abiertas por el rey Latino, pues durante la paz permanecían cerradas. Como Latino había decidido inhibirse no había realizado la ceremonia y las hostilidades no podían comenzar.

Ante tanta indecisión fue la diosa Juno la que descendió del Olimpo y abrió ella misma las pesadas puertas, descorriendo aldabas y cerrojos. Turno tenía, además de los latinos, excelentes aliados como Mecencio, rey de los etruscos, de extraordinarias dotes guerreras, pero cuya tiránica conducta había hecho que sus súbditos lo expulsaran; la virgen Camila, una doncella educada única y exclusivamente para la caza y la guerra, poseía una tropa de aguerridos guerreros, muchos de los cuales eran bravas amazonas.

El peligro de sucumbir era casi irreversible cuando Eneas, que se agitaba nervioso en el lecho, recibió la visita del dios del río Tíber, que plácidamente discurría a lo largo de su campamento. «Mañana visitaréis al rey Evandro, aguas arriba de mi seno», le dijo.

Eneas siguió este consejo y al día siguiente remontó el río hasta el lugar indicado con una nave y un grupo de sus hombres. Para el Tíber esto era todo un acontecimiento, pues era la primera vez que así sucedía. Avisado, Evandro le salió a recibir, dando a Eneas y su pequeño séquito una efusiva bienvenida a la vez que les rogaba que dispusieran de su pequeño y humilde reino como si a ellos le perteneciera. A tal fin, Palante, hijo de Evandro, les mostró los lugares más relevantes: una alta roca denominada Tarpeya, una hermosa colina consagrada a Júpiter, una espléndida pradera donde pastaba un numeroso rebaño…

En los albores de los tiempos, les contó Evandro, vivían aquí sátiros, faunos, ninfas y unos hombres salvajes, hasta que llegó Saturno y les enseñó todos los secretos de la civilización hasta tal punto que su gobierno se denominó «la Edad de Oro», con el tiempo sus elevados valores fueron olvidados y sustituidos por la envidia, el odio, la avaricia y la tiranía. Este estado de cosas terminó cuando yo llegué desterrado procedente de Arcadia, en Grecia, mi querida patria.

Evando ofreció a Eneas una rústica colación y su humilde choza que le servía de palacio para que pasara allí la noche. A la mañana siguiente, le manifestó que él poca ayuda podía ofrecerle, pero que ésta gustosamente se la darían los etruscos, deseosos de castigar a su rey. Sin embargo, Palante, hijo de Evandro, decidió marcharse con el héroe troyano junto con un pequeño grupo de jóvenes, lo mejor del pequeño reino de la nueva Arcadia. Todos montaron en veloces corceles y llegaron pronto a Etruria. Nadie pensó entonces que Júpiter premiara la solicitud de Evandro haciendo erigir en su reino una ciudad que asombraría al mundo: Roma.

Los etruscos acogieron favorablemente a Eneas pues, aunque deseaban la guerra contra Mecencio, no se habían atrevido a iniciarla, ya que los dioses les habían advertido que no lo hicieran hasta que un extranjero se pusiera al frente de ellos. Ahora comprendían que Eneas era el escogido. Aclamado como a tal, los jefes etruscos y troyanos se reunieron para deliberar, mientras Eneas deseó descansar un poco antes de intervenir.

A tal fin se retiró a un bosque cercano y, cuando más enfrascado se hallaba en sus pensamientos, observó como una hermosísima mujer descendía ante él y dejaba junto a un árbol unas refulgentes armas. Indudablemente era su madre Venus, que traía casco, coraza, lanza, espada y escudo para que Eneas resultara invencible, ya que habían sido labrados por el propio Vulcano, dios de la fragua y esposo divino de Venus.

Mientras Eneas se encontraba en busca de ayuda, los hombres que habían quedado en el campamento junto al Tíber lo fortificaron lo mejor que pudieron y se dispusieron a rechazar el furioso ataque del enemigo, que pronto se produjo. El primero de ellos fue contenido, pero los troyanos estaban en franca minoría y a la larga el resultado se pre veía. Era necesario avisar a Eneas de la angustiosa situación. A tal fin Niso y Euríalo salieron voluntarios para intentar el enlace.

Al llegar a las líneas enemigas realizaron una matanza sistemática de los sitiadores, hasta que con las primeras luces del día el casco refulgente de Euríalo le delató. Rápidamente una patrulla de guerreros de Turno cayeron sobre ellos y, aunque vendieron caras sus vidas, terminaron por sucumbir luchando bravamente uno junto al otro.

Tal como Eneas había aconsejado los troyanos se mantuvieron bravamente dentro del recinto empalizado a la defensiva, acaudillados valientemente por Ascanio, el hijo del héroe. Venus rogó a Apolo que ayudara a su hijo y el dios bajó a la tierra para prevenir a Ascanio y aconsejarle que no se expusiera tanto, puesto que estaba llamado para más altos destinos.

Turno consiguió vencer la resistencia y sus tropas penetraron en el propio campamento troyano, pero éstos, dando pruebas de prodigioso valor, lograron finalmente rechazarles a costa de grandes pérdidas.

En los siguientes días el combate se reanudó más encarnizadamente si cabe. Como había sucedido frente a Troya, los propios dioses tomaron partido por un bando u otro. Júpiter se enojó porque sus planes de paz se habían venido abajo. Venus acusó a Juno de ser la culpable del desastre y Juno argumentó que lo que los latinos hacían era simplemente defender su territorio de los invasores extranjeros.

Cuando Turno y los suyos, habiendo roto las defensas troyanas, se disponían a asestar el golpe final, llegó Eneas con los etruscos y restableció la situación para los suyos.

Una tras otra las batallas se sucedieron. La amazona Camila y el cruel Mecencio encontraron la muerte, pero Eneas sufrió a su vez la pérdida de Palante, el hijo de Evandro.

Ante el encarnizado curso que tomaron los acontecimientos, Júpiter terminó por prohibir a los dioses la intervención en la lucha, dejando a los hombres a merced del Destino. Sin embargo, ello no obstaba para que siguieran el desarrollo bélico cada vez con más interés.

Juno, dándose cuenta del final que aguardaba a Turno, pues la balanza comenzaba a decantarse con claridad del lado troyano, solicitó de Júpiter la salvación para su protegido, a lo que su divino marido le repuso con frialdad:

«El Destino quiere que Turno muera, yo lo único que puedo hacer es retardar la sentencia.»

Y Juno, tomándole la palabra a Júpiter, con la esperanza quizá de que, mientras tanto, pudiera cambiar de idea, adoptó la forma de Eneas y le atrajo hasta el mar para que trabaran singular combate. Cuando la sombra se desvaneció en el horizonte, Turno intentó quitarse la vida por tres veces, pensando que a su regreso los suyos tildarían de cobardía el haber dejado escapar al caudillo enemigo.

Tres veces Juno se lo impidió. Cansado se durmió en un esquife a merced de las olas.

Cuando regresó a tierra encontró a su ejército desmoralizado. Casi todos sus prestigiosos jefes habían muerto. Se encaminó al palacio-fortaleza de Latino y comprobó el abatimiento de su pueblo. Turno se dio cuenta que ya no era un huésped bienvenido porque las derrotas se pagan caras. El propio Latino sugirió al jefe rútulo que renunciase a la mano de su hija, porque la paz era deseada por todos.

Esta petición encolerizó a Turno y le envalentonó de nuevo de tal forma, que llegó a las proximidades del campamento troyano en un respiro de la lucha y retó a Eneas a singular combate. Éste aceptó el desafío con la condición de que, si vencía, troyanos y latinos se unirían junto con los rútulos que quisieran constituyendo un solo pueblo y concediendo a Latino la categoría de gobernador supremo. Él tomaría a Lavinia como esposa y daría nombre a una nueva ciudad que pronto fundarían. Si, por el contrario, Turno triunfaba, los troyanos abandonarían Italia y ya nunca más reclamarían nada de ella.

Decidido el duelo y cuando los dos ejércitos contendientes formaron frente a frente para presenciar el formidable desafío, Juno una vez más intentó frenar la rueda del Destino y a tal fin provocó una nueva lucha cuando menos se lo esperaban los troyanos, en la que no sólo sufrieron grandes pérdidas, sino que el propio Eneas fue seriamente herido, aunque su solícita madre voló enseguida hasta él y le curó la herida con una hierba milagrosa.

Repuesto pues Eneas, volvió al combate y junto con los suyos inclinaron definitivamente la lucha de su lado, penetraron en la fortaleza de Latino y la mortandad fue espantosa. El único deseo de Eneas era el de vérselas de una vez con Turno y terminar la guerra definitivamente.

«¡Aquí estoy! —rugió por fin el rútulo dándose cuenta que lo tenía ya todo perdido—. ¡Que cese ya la batalla!, Eneas, te desafío una vez más a singular combate.»

El combate nos lo presenta Virgilio como una repetición del de Héctor y Aquiles de la Ilíada, pero con la diferencia de que ahora es el troyano el que tiene el Destino favorable y por eso posee todos los triunfos en su mano. Es tan inútil que Turno luche con Eneas como contra una tempestad o un terremoto. Por otra parte, Juno había ya abandonado a su protegido a su suerte cuando su divino esposo le prometió que, una vez casados Eneas y Lavinia, los latinos conservarían su lengua y sus costumbres y Troya permanecería en las brumas del olvido.

La singular lucha entre los dos titanes no tuvo color. Cuando, caído Turno en el suelo, Eneas fue a descargar sobre él el golpe mortal, dudó por un momento ante la llamada de clemencia dirigida por el rútulo. Pero

Rómulo y Remo, los míticos fundadores de Roma, alimentados por la loba.

entonces descubrió el cinturón del hijo de Evandro, que su rival llevaba como trofeo, y le recriminó colérico:

«¿Tuviste tú compasión del pobre Palante, todavía un muchacho?» y acto seguido mató a un enemigo que tan difícil le había puesto la consecución de su destino.

Así termina el largo poema de la Eneida, dándonos a entender Virgilio que Eneas se casa con Lavinia y comienza con ellos la estirpe romana. Eneas funda la ciudad de Lavinio en honor de su mujer y ambos tienen la dicha de contemplar cómo Ascanio les sucedería más tarde en el reino.

Fallecido Eneas su madre, Venus, solicitó de Júpiter el don de la divina inmortalidad, cosa a la que el padre de los dioses se avino gustoso y ni siquiera Juno puso ninguna objeción. El Tíber purificó el cuerpo del héroe y éste pudo entrar así en la advocación de Júpiter del Lugar.

Tras la muerte terrenal de su padre, Ascanio, al que otras versiones denominan también Julo, fundó en las colinas la población de Alba Longa y allí los descendientes de Eneas y Ascanio reinaron prósperamente durante cuatro siglos hasta que… Pero esta ya es otra historia.

La leyenda de la fundación de Roma: Rómulo y Remo

Tras muchos años y sucesores de Eneas y Ascanio, el rey Numitor fue derrocado del trono de Alba Longa por su hermano Amulio, que le relegó como granjero. Para no tener ningún peligro, ordenó la muerte de los hijos de Numitor, pero perdonó la vida de la hija, Rea Silvia, aunque la encerró en el templo de la diosa Vespa para que se consagrara como sacerdotisa y guardara la debida castidad, que era el precepto obligado de las vestales, so pena de ser enterradas vivas si lo infringían, o a sufrir otra cruel muerte.

Cierto día en que Rea Silvia descansaba junto a una fuente en el bosque sagrado, acertó a pasar por allí el dios Marte, al que le gustaba mucho pasear por la Tierra, y viendo la belleza de la hermosa vestal se le inflamó el corazón y sin reparar en promesas dejó encinta a la pobre Rea. Cuando llegó el tiempo señalado, la vestal dio a luz a dos hermosos gemelos: Rómulo y Remo.

Al enterarse de ello, Amulio mandó que Rea Silvia fuera arrojada al Tíber y que los dos gemelos fueran metidos en un cesto y los dejaran al capricho de la corriente fluvial. El dios Tiberino se apiadó de la desgraciada vestal y la tomó como esposa, concediéndole la inmortalidad.

Mientras tanto, los pequeños gemelos estuvieron a punto de perecer en su improvisada embarcación, pero como el Tíber se hallaba en su máxima crecida a causa de las lluvias recientes, en lugar de dirigirlos hacia el mar una milagrosa contracorriente los llevó aguas arriba hasta que vararon en la orilla. Allí una loba —animal sagrado consagrado a Marte— se compadeció de los niños. Los amamantó y de este modo, los salvó de morir de hambre.

Los niños crecieron y entonces Marte envió un pájaro para que complementara su alimento, puesto que los huesos y desperdicios que le dejaban los lobeznos ya no les era suficiente. Tras el pájaro, Marte comprendió que lo que necesitaban sus hijitos era el calor humano y, por ello, los confió a un pastor llamado Fáustulo y a su mujer, Laurencia, que no tenían descendencia; fueron ellos los que decidieron llamarles por primera vez Rómulo y Remo.

Los muchachos crecieron y se transformaron en unos jóvenes valientes y fuertes que ayudaban a su padre adoptivo en el cuidado de los rebaños o cazaban con extraordinario éxito en los bosques cercanos. Pero se aburrían y desearon mayores emociones. Entonces empezaron a atacar a los ladrones y bandoleros que abundaban por aquellos contornos, robándoles lo que habían sustraído a otros. Pronto se agruparon en torno a ellos una serie de jóvenes valerosos y su partida o banda resultó temible.

Cierto día, los bandoleros del contorno, a los que molestaba tener unos competidores tan fuertes, decidieron acabar con ellos y de improviso atacaron el campamento de los gemelos, que se hallaban celebrando la festividad del dios Pan. Tras una porfiada lucha, Remo cayó prisionero.

Llevado a presencia del usurpador Amulio, fue acusado de saquear y robar en las tierras del pobre Numitor. Amulio se los sacó de encima argumentando que si lo que hacía sólo perjudicaba a su hermano, que fuera aquél quien le castigara.

Cuando Remo llegó ante Numitor y le argumentaron que junto con su hermano gemelo se dedicaban al pillaje en sus propiedades, el destronado monarca recordó a su desgraciada hija... Hasta entonces el Destino sólo le había enviado infortunios ¿Cambiaría a partir de ahora su estrella? ¿Por qué aquellos dos gemelos no podían ser los hijos de su querida Rea Silvia? ¡Desde luego, tenían la edad precisa!...

Ordenó que los acompañantes de Remo abandonasen la estancia, pues deseaba interrogar a solas al prisionero. Obedecieron aquéllos y cuando se disponía a preguntar a Remo, contempló atónito cómo un anciano campesino y un robusto joven, después de desembarazarse de la guardia que le impedía el paso, se presentaban ante él con ánimo de hablarle. Eran Fáustulo y Rómulo, los cuales, cuando se enteraron de la captura de Remo, habían acudido presurosos a salvarle, ya que el azar había hecho que Rómulo se hallara ausente de la trampa que los bandoleros les habían tendido.

Rómulo contó entonces a Numitor toda su historia. Al terminar ésta, su abuelo los reconoció y los abrazó con los ojos anegados en lágrimas. Entonces decidieron reponer en el trono a Numitor.

Fiados de la sorpresa, penetraron con sus hombres en el palacio de Amulio y consiguieron rodearle. Amulio no supo reaccionar al conocer quienes eran sus asaltantes y pronto cayó muerto. Numitor volvió a ser rey con el beneplácito de sus súbditos, hartos de la tiranía de Amulio.

Rómulo y Remo estuvieron al servicio de su abuelo durante varios años, hasta que, como consecuencia de que Alba Longa estuviera superpoblada, decidieron fundar una nueva ciudad en el lugar en donde fueran salvados por la loba, pero sin determinar el sitio exacto ni quien reinaría en ella, ya que al ser los dos gemelos ninguno de los dos consideraba que el otro fuera mayor.

Por consejo de Numitor resolvieron consultar a los presagios, mientras Rómulo se instaló en la colina del Palatino y Remo en la del Aventino. Remo fue el primero en ver entonces seis buitres que volaron por el lugar. Interpretando esto como la señal, se disponía a llevar a cabo la empresa, cuando Rómulo contempló a continuación atónito el vuelo nada menos que de doce buitres por encima del Palatino.

Así pues, Rómulo se puso a trazar el límite de la nueva ciudad en el Palatino, valiéndose de un arado tirado por dos bueyes. Remo, decepcionado por no haber sido el elegido, se emborrachó y un día se burló del ridículo muro que estaba construyendo su hermano para defensa de la urbe, saltando por encima de él y violando así el recinto sagrado. La burla encolerizó a Rómulo y ambos hermanos llegaron a las manos, hasta que Remo cayó muerto atravesado por la espada del fratricida, sin que Rómulo se hubiera en principio propuesto final tan trágico. Sea como fuere, gritó entonces con voz potente:

«Este mismo destino aguarda a quien se atreva a saltar sobre la muralla de mi ciudad.»

Sin embargo, Rómulo fue preso de gran desesperación por el crimen que había cometido, hasta el punto de que según algunas versiones pensó incluso en el suicidio. Enterró a su hermano con todos los honores en la cumbre del Aventino, en el lugar que desde entonces se denominó Remoria, y, aconsejado por los dioses, que le hicieron comprender que nada había podido hacer por salvar a su hermano, tomó posesión como rey de la nueva ciudad que en su memoria se denominaría Roma. Según la leyenda la fecha de su fundación se colocaría el año 753 a.C.

El rapto de las sabinas

Después de la fundación de Roma, Rómulo se preocupó de poblarla. Para ello hizo de su ciudad un lugar de refugio y a ella acudieron gentes de toda clase y condición ansiosas de poseer un sitio en donde vivir en libertad. Así llegaron esclavos fugitivos de sus amos, criminales, vagabundos, desterrados, deudores insolventes...

Rómulo se sintió sin embargo satisfecho. Él y sus cien varones, designados «Padres de la patria» (Patricios), serían suficientes para mantener el orden y que la prosperidad reinase por doquier. Pero faltaban mujeres con las que asegurar la descendencia.

Reunió a los Padres de la Patria, que constituyeron así el Senado, y les expuso el problema.

Tras una larga discusión, los senadores le aconsejaron que enviase legados a todos los pueblos vecinos explicándoles las pretensiones de los romanos.

Uno tras otro los pueblos rechazaron la solicitud romana porque ¿quién iba a dejar que sus hijas se casasen con una turba de esclavos, criminales y facinerosos de toda laya?

Rómulo tuvo que apaciguar a sus súbditos porque hirvieron deseosos de vengar tal ofensa y decidió usar la astucia.

Para ello organizó unas grandes fiestas en honor del dios Consus, en las que el plato fuerte era unas magníficas carreras de caballos. Acudieron gentes de todas las poblaciones cercanas con sus mujeres y niños, pero los más numerosos visitantes fueron los sabinos, que por entonces eran los vecinos más poderosos de Roma.

Cuando más enfrascados se hallaban en la competición, Rómulo realizó la señal convenida y sus hombres se apoderaron de todas las jóvenes que encontraron.

Los visitantes volvieron a sus ciudades y pronto planearon vengarse del espantoso ultraje cometido por sus anfitriones.

Rómulo visitó a las jóvenes cautivas y las apaciguó, manifestándoles que ningún mal caería sobre ellas, antes al contrario, que deseaba que matrimoniaran con sus súbditos, exhortándoles a que trataran bien a sus compañeras y procuraran ganarse su amor. Los consejos no cayeron en saco roto y no tardaron en aceptar su nueva situación, consintiendo en fundar los nuevos hogares solicitados.

Sin embargo, las poblaciones cuyas hijas habían sido raptadas no se resignaron y eligieron como caudillo supremo del ejército de rescate a Tito Tacio, rey de los sabinos, quien se mostró vacilante en atacar Roma, pues consideraba que por unas cuantas mujeres no era necesario derramar sangre. Uno tras otro, sus aliados entraron en combate, pero fueron vencidos por los romanos. Rómulo les perdonó y desde entonces formaron un solo pueblo los otrora padres y hermanos ultrajados.

Tito Tacio se dio cuenta de que era preciso someter Roma sino quería verse sometido por ella y se decidió a intervenir en la lucha: su plan de ataque consistía en apoderarse del principal baluarte que defendía la ciudad y lanzar desde él la ofensiva definitiva. Mientras estudiaba sigilosamente las defensas de la fortaleza, vio a una hermosa joven que había salido a llenar su cántaro de agua. Se llamaba Tarpeya y era la hija del alcaide del fortín.

Tarpeya desfallecía por las joyas y, al contemplar los brazaletes de los sabinos que centelleaban al sol, los tomó por tales y deseó poseer algunos de ellos. Tacio le indicó que tendría cuantos quisiera si por la noche les abría el portón de la fortaleza.

Aquella noche, a una señal convenida, Tarpeya indicó a los enemigos que los cerrojos se hallaban descorridos, pero que cumplieran su promesa. Los sabinos le dijeron entonces: ¿deseabas de nosotros lo que llevamos ligado a nuestras muñecas? ¡Pues aquí lo tienes! y acto seguido dejaron caer sus pesados escudos hasta aplastar a la pobre Tarpeya. Los sabinos cogieron el cadáver de la infortunada joven y lo lanzaron al vacío desde una roca que desde entonces llevó su nombre. Las versiones sobre la conducta de Tarpeya varían, pues hay la que la exime de toda traición y explica que fue una estratagema de la propia muchacha para atraer al enemigo a una trampa.

Rómulo, que no esperaba el ataque sabino por aquella dirección, hubie-

El rapto de las sabinas, interpretación pictórica moderna inmortalizada por J. L. David en 1799.

ra sido derrotado de no ser porque el dios Jano, protector de las puertas de la ciudad, hizo brotar ante sus enemigos una fuente ardiente y les cortó el avance. Pero los romanos no pudieron aguantar la presión y tuvieron que retroceder. Rómulo dirigió entonces una ferviente plegaria al padre de los dioses, prometiéndole erigir en templo en el lugar en donde cambiase el signo de la lucha.

Renovados sus ánimos, Rómulo volvió a enardecer a sus hombres y el combate se equilibró, pero los sabinos, dirigidos por un tal Mecio Curcio, que era un bravucón de boquilla, pelearon también con denuedo. Mecio Curcio se refocilaba diciendo a gritos lo que haría cuando entrara triunfante en Roma y cuando más enfrascado estaba en la descripción, su caballo se encabritó ante una contraofensiva inesperada de los romanos y llevó a su fanfarrón jinete hasta un pantano, en donde se hundió. Mecio Curcio, todo embarrado, pudo salvarse a duras penas de perecer, pero entonces se asustó tanto que dejó el combate cobardemente.

Cuando la lucha se inclinó del lado romano, las sabinas, que estaban presenciando el combate desencadenado por ellas, no pudieron más y, cogiendo a sus hijos en brazos, se interpusieron entre sus padres, hermanos y maridos obligando a cesar la contienda, argumentando que no querían quedarse ni huérfanas ni viudas.

Romanos y sabinos firmaron entonces un tratado de alianza que unió para siempre a los dos pueblos. Tito Tacio gobernó conjuntamente con Rómulo hasta que, tras fallecer, Rómulo fue el único rey de romanos y sabinos.

Según la tradición, el reinado de Rómulo duró treinta y tres años y la joven Roma prosperó hasta el punto de que el pueblo concedió a su primer soberano el título de Padre de la Patria. Cuando llegó la hora de dejar este mundo mortal, Marte solicitó para su hijo un lugar entre los dioses, a lo que Júpiter, halagado por los templos que éste le había eregido y por los propios méritos del héroe, no puso ningún obstáculo.

Cierto día en que Rómulo se encontraba en el monte Palatino sentado ante su pueblo, descendió Marte en un carro alado y se lo llevó por los aires, mientras Júpiter desencadenaba una súbita y feroz tormenta. La escena y los rayos y truenos que la acompañaron llenaron de estupor y espanto a los presentes. Alguien dijo que había visto al monarca por última vez y antes de partir le había ordenado que levantasen un templo en la colina del Quirinal en su memoria. Por eso Rómulo, al ascender a los cielos, se había transformado en el dios Quirino.

Poco tiempo después y a ruegos del propio Rómulo, fue su esposa Hersila la que, para reunirse con él, obtuvo el don de la inmortalidad transformada en la diosa Hora.

Cuando los historiadores de la época posterior dejaron de creer en leyendas, fraguaron la explicación de que a Rómulo lo habían asesinado los propios senadores, envidiosos de la popularidad que había alcanzado entre su pueblo, y para calmar a éste se inventaron la leyenda de su ascensión a los cielos. Sea como fuere, lo cierto es que durante la época imperial se enseñaba a los forasteros cerca de Roma una supuesta tumba de Rómulo, su fundador y primer rey.

Numa Pompilio, el Salomón romano

Al desaparecer Rómulo de forma tan repentina, los romanos quedaron desconcertados. ¿Quién sería capaz de sucederle en el gobierno con idéntica eficacia que el fundador? Los sabinos deseaban un monarca salido de su pueblo, pues creían que si sucedía lo contrario sus aliados terminarán por someterles por completo, mientras que a los romanos la sola idea de verse gobernados por un sabino les repugnaba.

El largo interregno comenzó a perjudicar a los dos, puesto que, aprovechándose de él, los vecinos se armaron para arrebatar las tierras de romanos y sabinos. Entonces el Senado, dándose cuenta del peligro, decidió que fuera el pueblo el que encontrase a su rey, y una vez hecho esto, el Senado ratificaría tal elección.

Después de mucho buscar, el único candidato apropiado fue Numa Pompilio, un piadoso sabino de la ciudad de Cures, hombre bueno que gozaba de gran reputación por su sabiduría. Cuando se le propuso tal misión, Numa la rechazó de plano, argumentando que él era hombre dedicado al estudio y a la meditación y que los soberanos eran hombres dedicados a la guerra. Sus interlocutores le replicaron entonces que Roma se hallaba necesitada de paz y sólo él podía traerla a la ciudad. A pesar de sus protestas, su nombre fue propuesto al Senado. Numa, como última escapatoria, dijo que antes fueran consultados los dioses. Para ello un augur o intérprete de los presagios subió con él al Capitolio y oraron a Júpiter para que les enviara una señal que mostrara si Numa era el elegido.

Cuando se hallaban en lo más fervoroso de la plegaria una bandada de buitres cruzó el firmamento, a semejanza de lo ocurrido con Rómulo.

¡La señal! dijeron ambos y Numa no tuvo más remedio que aceptar el difícil encargo. Y cumplió con creces su cometido.

Numa representa el rey religioso y sabio por excelencia. Fue él el primero en tributar honores divinos a Rómulo con el nombre de Quirino. Después levantó un templo a Jano, dios de las puertas y de las entradas y también de los principios de toda actividad. El templo tenía dos puertas enormes que, siguiendo la tradición de la época del rey Latino, servían para señalar si había paz o guerra: abiertas indicaban que un conflicto estaba en marcha; cerradas quería decir que el conflicto se daba por finalizado. Tras celebrar tratados de paz con todas las ciudades vecinas. Numa ordenó que el templo de Jano permaneciese cerrado y así estuvo durante todo el tiempo que duró su pacífico reinado.

Numa enseñó a sus súbditos el temor a los dioses y como se les debía rendir culto. Según la tradición, creó los colegios sacerdotales de los Flámines, Augures, Salios, Feciales, Pontífices y de las Vestales, e introdujo la veneración a gran número de divinidades, entre ellas naturalmente a los dioses propiamente sabinos.

Se atribuye a Numa la invención del calendario entre los romanos para mejor honrar a los dioses y distinguió en él a los días fastos (felices) y nefastos (desgraciados).

Casado en algunas versiones con la ninfa Egeria o solamente amigo y ferviente servidor de ella en otras, se decía que Numa se hallaba dotado de poderes mágicos. Así en cierta ocasión y como en un banquete tuviera un compromiso ante sus convidados por no haber sido preparado con tiempo, las mesas se llenaron de repente de preciosos manjares y exquisitos vinos que nadie había traído.

Numa fue más un sacerdote que un rey, pero como se dio cuenta de que les sería muy difícil a sus sucesores mantener tal situación, creó la función y el cargo de Pontífice para delegar en él los asuntos religiosos y realizar las ceremonias oficiales de culto. La institución duraría muchos siglos y daría días de gloria a Roma.

Tulio Hostilio:
duelo entre los Horacios y los Curiacios

El tercer rey legendario de Roma fue Tulio Hostilio, otra vez un latino y príncipe belicoso como Rómulo, que tuvo que defender la ciudad recién fundada contra la rivalidad de los pueblos vecinos. Ante todo contra Veyes, ciudad etrusca situada al norte, cuyos dominios se extendían hasta el Tíber, y contra su propia metrópoli, Alba Longa.

La circunstancia de que los albanos se hallaran estrechamente emparentados con los romanos no pareció importarle a Tulio. Pero los ejércitos de ambas ciudades, formados frente a frente y a punto de lanzarse uno contra otro, no se atrevían a dar el primer paso, por juzgarlo criminal entre dos poblaciones unidas por tantos lazos.

Tras arduas deliberaciones, determinaron zanjar las diferencias con un duelo. En las filas de los romanos figuraban los tres hermanos Horacios y en las de los albanos se hallaban los tres hermanos Curiaceos. Los tres hermanos de un bando lucharían contra los tres hermanos del otro y el vencedor impondría la ley en el país vecino.

Cuando los guerreros escogidos recibieron la señal se lanzaron encarnizadamente unos contra otros. Al poco tiempo cayó gravemente herido un romano y después otro. Aunque los Curiaceos se hallaban también tocados quedaron tres contra uno. Una cerrada aclamación de sus compatriotas animaba a los albanos, mientras que la desesperación cundía en las filas romanas. El Horacio superviviente hizo el ademán de retirarse cobardemente de la lucha. Los Curiaceos le persiguieron con saña, seguros de la victoria, uno de ellos adelantándose a los demás con osadía. Era lo que esperaba el romano. Rápidamente se revolvió contra él y lo venció. Lo propio hizo con los otros dos.

Una cerrada ovación acompañó el triunfo romano por parte de sus compatriotas y Alba Longa no tuvo más remedio que someterse a Roma.

Esta acción ha quedado como ejemplo de que «las apariencias engañan» y de que no se puede cantar victoria hasta el final. Mostrándose aparentemente cobarde, el último de los Horacios terminó siendo más valiente que todos los demás, pues su simulación produjo el engaño en sus enemigos, que se confiaron y salieron derrotados cuando ya degustaban las mieles del triunfo.

El héroe de aquel duelo espectacular fue conducido hasta Roma entre vítores y aclamaciones y a las puertas de la ciudad salió a recibirle una hermana suya, que estaba prometida a uno de los Curiacios caídos en el campo de batalla. Al descubrir las vestiduras ensangrentadas de su prometido entre los trofeos de su hermano, no pudo contenerse y prorrumpió en amargo llanto. Horacio, ciego de furor, se arrojó sobre su hermana y la atravesó con la espada, exclamando: «Perezca así cualquier romano que llore la muerte de un enemigo».

Por brutales que fueran aquellos tiempos, tal acción hizo enmudecer a la multitud y, a pesar del inmenso servicio prestado a la patria, Horacio fue llevado ante un tribunal para responder de aquel horrible acto. Condenado a la última pena, el pueblo se conmovió ante la súplica del anciano padre y perdonó a su último hijo para que cuidara de él el resto de su vida.

Según los tratadistas, esta leyenda —unas más otras menos— encierra un fondo de verdad, pero existen también muchas razones para opinar que el relato es la trasposición de un antiquísimo mito de iniciación del cual se encuentra un equivalente en las leyendas célticas.

Después de esta victoria, los romanos hicieron evacuar la población de Alba, destruyeron sus casas y dejaron tan sólo en pie los templos. Satisfecho de ello, Tulio fue derrotando una por una al resto de ciudades vecinas y Roma fue en adelante la capital de la «Liga de ciudades latinas».

Pero los dioses se hallaban disgustados con el trato que habían dado los romanos a sus hermanos albanos y con la cobardía de éstos, que no habían sabido defender con ardor sus casas. Una terrible plaga asoló Roma y el propio Tulio cayó enfermo. Imploró a los dioses y hasta incluso intentó cambiar de carácter y dedicarse al sacerdocio como Numa. Cierto día, cayó en sus manos un ritual secreto dedicado a Júpiter, escrito por aquél. Deseó seguirlo con la esperanza de ser grato a los ojos del padre de los dioses, pero al realizar la ceremonia se equivocó y Júpiter, encolerizado, envió un rayo sobre el palacio real, provocando un incendio que atrapó al pobre soberano entre las llamas.

Efímero reinado de Anco Marcio

Anco Marcio era sabino y pasa como nieto de Numa Pompilio. Su gobierno pacífico, consagrado principalmente al fortalecimiento del estado, fue interrumpido por una sublevación de los latinos, que Anco sofocó con fortuna. Como consecuencia de este triunfo, fue poblada la colonia de Monte Aventino con los latinos sometidos. Además se le atribuyen el haber fortificado en la orilla derecha del Tíber el monte Janículo, ocupado durante la guerra contra los etruscos y haber comunicado ambas orillas por medio de un puente construido con estacas que conducía hacia el mercado de los bueyes, situado entre las pendientes del Aventino, el Palatino y el Capitolio. Durante su gobierno se ensanchó la ciudad hasta la costa. En ella el puerto de Ostia llegó a ser el centro del comercio de la sal, que ya desde tiempos antiguos penetraba en el país remontando el curso del río para proveer a los ganaderos sabinos.

Por aquel entonces se estableció con su familia en la ciudad de Roma Lúcumo, hombre rico y ambicioso, de origen etrusco. Había nacido en la ciudad de Tarquina, pero su mujer, Tanaquil, le persuadió de trasladarse a Roma en busca de prestigio y elevada posición, por lo que viajaron a Roma en un lujoso carruaje. Cerca de sus puertas, un águila cayó en picado sobre el gorro de Lúcumo y se lo arrebató para llevárselo hasta las alturas, y poco después se lo devolvió colocándoselo en la propia cabeza de Lúcumo.

«¿Te das cuenta de lo que quiere decir?» Interrogó Tanaquil a su esposo y ante su perplejidad le explicó con la alegría reflejada en su semblante: «Llegarás a ser un personaje relevante y finalmente subirás al trono».

Ya en Roma, adquirieron una gran mansión en el barrio más rico de la ciudad y Lúcumo romanizó su nombre adoptando el de Lucio Prisco, e intercalando el de Tarquinio entre ambos, pues no quiso olvidar sus ancestros etruscos, por eso sus amigos y huéspedes le denominaron simplemente Tarquinio. Organizó fiestas y banquetes y alternó con los VIPS de la época y la ciudad (las personas más importantes), incluso con el propio monarca Anco Marcio, del que pronto se ganó la confianza, terminando Anco por nombrarle primer consejero y tutor de sus hijos.

Fallecido el soberano, la corona debía pasar a uno de sus dos hijos, pero Tarquinio alejó a los dos príncipes organizándoles una cacería y mientras tanto convocó al pueblo, convenciéndoles de la necesidad de que lo nombraran rey, como así fue en efecto. Al regresar los príncipes y ante el hecho consumado, no tuvieron más remedio que aceptarle a regañadientes, aunque meditaron desde entonces la forma de vengarse.

Un etrusco en el trono de Roma: Tarquinio Prisco

Tarquinio reanudó la guerra contra los latinos, que no se resignaban a la hegemonía de Roma. La guerra fue favorable y tras su regreso victorioso organizó brillantes juegos para regocijo de todos. Nuevas victorias hicieron crecer el poderío y el respeto de Roma, al tiempo que sentaba los cimientos de la futura gran ciudad, fortificándola, dotándola de un moderno sistema de desagües (Cloaca Máxima, cuyos fundamentos todavía se conservan) e inició la construcción del gran templo dedicado a Júpiter, el padre de los dioses romanos, sinónimo del Zeus griego, en la colina que por ello se convertiría en la más importante de las siete en que se asienta la ciudad de Roma: el Capitolio.

Una de las reinas de los pueblos sometidos por Tarquinio vivía como huésped-rehén en el propio palacio de éste. Cierto día, cuando su hijo Servio Tulio dormía plácidamente en una cuna, una aureola luminosa apareció alrededor de su cabeza. A los gritos de los que contemplaban el prodigio acudieron Tarquinio y su esposa, que obligó a los presentes a salir sin hacer ruido de la estancia. Cuando el niño despertó, la aureola desapareció sin haber producido el menor daño en el infante.

Fue entonces cuando Tanaquil explicó a su augusto cónyuge que aquel prodigio significaba la grandeza para el niño, pero también para la propia familia de Tarquinio. Había que cuidarle, evitando que no le sucediera ningún contratiempo.

El muchacho, que se llamaba Servio Tulio, fue tratado a cuerpo de rey en el propio palacio y, a medida que se hacía mayor, crecía el respeto y el cariño hacia su persona. Tarquinio comprendió que era el yerno ideal para su hija y s e la dio en matrimonio, además, recordando la señal sobrenatural, estimó que era el mejor para sucederle.

Esta decisión espoleó la venganza de los hijos de Anco y convinieron que había llegado la hora de consumarla. Pagaron a unos pastores muy salvajes e incultos y éstos simularon una pelea a las puertas de palacio. Conducidos a presencia del soberano para que hiciera justicia, mientras uno de ellos hablaba el otro disimuladamente se colocó a la espalda de Tarquinio y le apuñaló irremisiblemente.

Rápidamente la noticia del atentado se esparció por la ciudad y los romanos acudieron presurosos ante palacio para conocer los detalles. Los pasto-

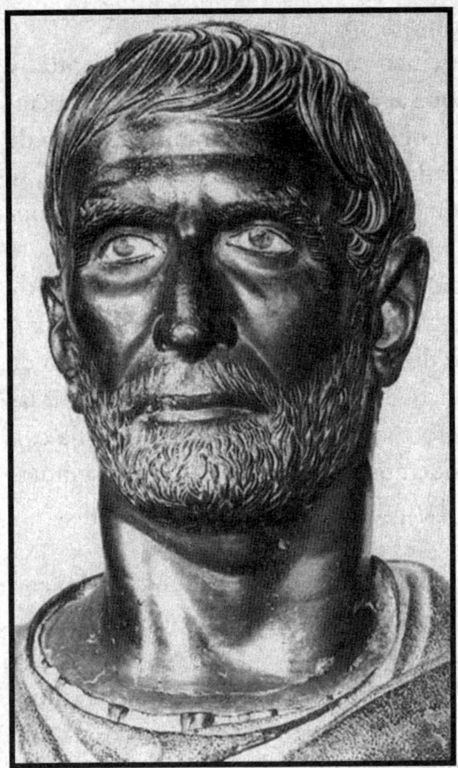
Retrato en bronce denominado Bruto Capitolino (Roma, Museo Capitolino). Aunque al parecer no representa al héroe republicano que terminó con la legendaria monarquía.

res pudieron ser capturados, pero Tarquinio Prisco falleció en brazos de su esposa a pesar de los esfuerzos realizados para salvarle. Tanaquil llamó a Servio y, con gran tranquilidad de ánimo, le dijo:

«Ha llegado tu hora. ¿Recuerdas que te conté que de pequeño cuando dormías, en cierta ocasión, una aureola había rodeado tu cabeza, sin causarte daño? Los dioses querían decir con ello que llegarías a ser rey de Roma. Ese día ha llegado. Obra con prudencia para no desbaratar lo que parece hallarse escrito en tu destino.»

Dicho esto, Tanaquil se asomó a una ventana de palacio y manifestó a la multitud expectante: «El rey sólo se ha herido y pronto curará, los dioses desean que mientras tanto ocupe Servio Tulio el trono, en funciones».

Reinado de Servio Tulio, «el hijo de la esclava»

Naturalmente, Tarquinio no pudo volver a reinar y Servio recogió su corona tal como los hados le habían profetizado. Servio Tulio se denominó así porque su nombre Servio recordaba al parecer que su madre había sido rehén de Tarquinio: Servio derivaría del latín servus = siervo, esclavo. Fue un gran rey legislador que instituyó la obligación que todo ciudadano debe prestar físicamente a la patria, así como contribuir a los gastos públicos según su nacimiento y ganancias. Así pues, aunque seguramente, todo ello se estableció en época posterior, Servio Tulio pasa por ser el introductor en

Roma del servicio militar obligatorio y de los impuestos.

Todo el pueblo fue dividido en cinco categorías de contribuyentes, y cada una de éstas en 193 centurias que abarcaban a los patricios, aristócratas o nobles y los plebeyos, el pueblo obligado al servicio militar. Fuera de estas categorías de personas, capaces de prestar servicios y privilegiadas, se encontraban los pobres que no reunían ingresos suficientes para incorporarse a la quinta categoría.

Servio Tulio tuvo dos hijas, ambas llamadas Tulia. La mayor era apacible; la menor violenta y apasionada. Las casó, una con el hijo de Tarquinio, la otra con el primo de éste. El hijo de Tarquinio era impetuoso, lleno de ambición, su primo apacible y pacífico. Servio creía que era mejor unir las parejas por caracteres contrarios. Pero como no puede casarse el agua con el fuego, ¿fue una coincidencia, o podemos considerarla como tal, la muerte casi simultánea del mayor de los Tarquinios y la mayor de las Tulias? La casualidad es muy sospechosa....

Pronto el viudo y la viuda se casaron y el nuevo matrimonio acabó con el sosiego del rey Servio, pues la descastada hija no cesaba de exhortar al marido a que expulsara a su padre del trono.

Al cabo de pocos años y por medio del soborno y la persuasión, Tarquinio se atrajo a un gran número de familias patricias romanas, alcanzando con ello la mayoría en la asamblea rectora o Senado romano. Tarquinio, viéndose ya rey, convocó a éste y en un feroz discurso insultó a Servio.

Informado éste, acudió presuroso a la asamblea e interrogó a Tarquinio con rabia: «¿Qué haces, con qué derecho te arrogas atribuciones de rey?», le espetó.

«Porque soy hijo de rey —contestó Tarquinio—, cosa que tú no puedes decir otro tanto, la corona es mía por derecho de nacimiento.»

Los senadores dividieron sus preferencias y apoyaron con gritos a uno u a otro pretendiente. El pueblo de Roma, al saber el hecho, se concentró presuroso ante las puertas en donde el Senado se hallaba reunido y exigió noticias con inusitado ardor. Tarquinio, que era muy robusto, cogió a su rival en brazos y lo arrojó escaleras abajo del Senado hacia la calle. Parte de la muchedumbre se hizo a un lado, pero un grupo numeroso de partidarios de Tarquinio cogió al infortunado rey y lo arrastró hasta que murió, dejando su cadáver tirado en plena calle para que fuera profanado.

Tarquinio fue aclamado como séptimo rey de Roma. Junto con Tulia, su mujer, regresó en triunfo hasta su casa en una cuádriga para mudarse a palacio. Al pasar por el cadáver de su padre, la cuádriga no tenía sitio y tuvo que atropellarle. Un chorro de sangre salpicó premonitoriamente el vestido de la malvada hija, aunque por el momento poco le importó tan ocasional circunstancia.

Tarquinio el Soberbio

Una vez en el trono, Tarquinio se mostró tal como lo había hecho en su camino hacia el mismo: cruel y despiadado. Mandó asesinar a cuantos sospechaba que eran partidarios de Servio. Los senadores que le echaron en cara cómo había obtenido el poder fueron ejecutados al instante. Confiscó los bienes de otros romanos cuya fortuna codiciaba y demostró tan desmesurado orgullo que pronto se le apellidó *el Soberbio*, y hasta se dice que fue él mismo quien escogió tal apelativo.

De los tres hijos que tuvo con Tulia, el menor Sexto le emulaba en crueldad y ambos derrotaron y humillaron a muchas ciudades vecinas, excepto la ciudad de Gabies, que resistió valientemente. Sexto, para dominarla, se ganó la confianza de sus habitantes haciéndoles creer que se había peleado con su padre y deseaba traicionarle, por lo que les ayudaría en el entrenamiento del ejército. Los de Gabies llegaron a colocarle al frente de sus tropas. Entonces envió un mensajero secreto al rey aguardando órdenes. Tarquinio respondió al enlace cortando las plantas y flores más altas del palacio. Cuando tal proceder fue explicado a Sexto, éste actuó y, cuando menos se lo esperaban los Gabies hizo matar a los jefes y personajes más influyentes de la ciudad, que no tuvo más remedio que rendirse al poder de Roma.

Llegada la paz, Tarquinio deseó borrar cuanto de negativo había realizado para sus súbditos y ordenó concluir el templo dedicado a Júpiter en el Capitolio, para lo cual contrató a los mejores arquitectos y artesanos etruscos. Los pobres de la ciudad contribuyeron con alegría como mano de obra. Pero entonces se les ordenó levantar murallas, acueductos, puentes y arcos de triunfo y la alegría se truncó en odio por haber sido reducidos a la esclavitud.

Cierto día, Tarquinio recibió en audiencia a una vieja venerable portadora de nueve misteriosos libros, los cuales según hizo saber al rey eran muy útiles para saber el futuro de su estirpe. «Muéstramelos», le ordenó

Los etruscos desarrollaron un extraordinario arte funerario. Aquí vemos a una divinidad del destino y de la muerte representada por una joven alada en actitud de contemplar a un difunto que desenrolla un rollo. Esculpida a comienzos del siglo IV a.C. (Museo Arqueológico de Florencia).

Tarquinio. «Si me pagas, podrás verlos», le contestó la vieja y acto seguido solicitó por ellos una suma exorbitante, que Tarquinio se negó a darle.

Volvió la vieja al día siguiente, pero entonces sólo le ofreció seis libros, contándole que había quemado los tres que faltaban y que pedía idéntico dinero por ellos que el primer día. Nuevamente rechazada por Tarquinio, regresó por tercera vez la anciana, pero entonces sólo con tres libros. Asesorado el rey de que aquella mujer era una antigua Sibila, mujer sabia escogida por los dioses para transmitir a los hombres los mensajes divinos, no dejó su petición sin respuesta y aunque sólo pudo conseguir tres libros, pagó por ellos igual que lo solicitado por los nueve.

Los tres libros, conocidos desde entonces como *Libros Sibilinos,* fueron guardados en el *Sanctasantórum* o lugar más recóndito del nuevo templo de Júpiter en el Capitolio, recién abierto al culto. Sólo se consultarían cuando Roma se viera en dificultades.

Solventando este asunto, las preocupaciones no habían desaparecido para el malvado Tarquinio. Así se evidenciaron cuando una serpiente apareció en palacio y se deslizó sigilosa por el salón del trono, llenando a los presentes de estupor y más al asombrado rey. Tarquinio ordenó pronto, ante la incapacidad de sus adivinos para indicarle qué significaba tal aparición, a dos de sus hijos y a su sobrino Junio Bruto, al que consideraba imbécil, para que consultaran a la Pitonisa de Delfos con estas palabras: «¿Cuál será el próximo rey?» pues no tenía la menor duda de que la aparición del reptil tenía que ver con la sucesión al trono.

Y ésta fue la respuesta de la Pitonisa: «En efecto, la escena del ofidio es una pista, puesto que el primero que bese a su madre será el sucesor al trono romano».

Los dos hermanos se apresuraron a regresar para realizar la acción predicha por el Oráculo, Junio Bruto más tranquilo y como aquel que no le iba la cosa marchaba vacilante cuando de pronto tropezó y se dio de bruces tocando el suelo con los labios. Entonces comprendió: él era el elegido puesto que la verdadera madre de todos es la madre tierra, pero debía seguir fingiendo ser corto de alcances para evitar represalias.

Los hechos se precipitaron. Sexto Tarquinio concibió una violenta pasión por la mujer del pacífico Junio Bruto, la bella Lucrecia. En cierta ocasión, quebrantando las leyes de la hospitalidad, quiso forzar a Lucrecia amenazándola con su espada. Lucrecia se defendió valientemente, pues no temía a la muerte. Como al malvado Sexto le asqueara tanta resistencia, imaginó una de sus diabólicas estratagemas: aprovechando una ausencia de Bruto, domeñó la resistencia de Lucrecia con el anuncio de que si volvía a resistirse mataría a un esclavo, lo acostaría desnudo al lado de ella y simularía después haber vengado el honor de su primo.

De regreso su esposo, Lucrecia lo llamó junto con su padre y les contó lo sucedido, solicitando venganza. Acto seguido se hundió un puñal en el pecho. Bruto sólo tuvo tiempo para sacar el arma de su fiel esposa y blandiéndola exclamó: «Se acabaron los fingimientos a partir de ahora emplearé el hierro y el fuego y todo cuanto esté al alcance de mi mano en perseguir al rey, a su impía mujer y a toda su familia, no tendré momento de reposo mientras continúen en el trono de Roma».

Bruto arengó a una expectante multitud congregada al saber el execrable crimen cometido con Lucrecia. Los romanos, espoleados por sus palabras, hartos desde hacía mucho tiempo de la tiranía de Tarquinio, le expulsaron de la ciudad junto con su esposa e hijos, salvando así el pellejo, pero perdiendo el trono.

Bruto fue entonces entusiásticamente aclamado como Libertador, pero no aceptó ser rey: la época monárquica había concluido para Roma. La ciudad fue desde entonces una República, gobernada por dos magistrados o cónsules elegidos anualmente. Uno de los dos primeros Cónsules fue el abnegado Bruto.

El fondo de verdad histórico que guarda la leyenda refleja la vuelta de los latinos al poder, tras unos años de gobierno de Roma por los etruscos, que llegaron a apoderarse de casi toda Italia.

Horacio Cocles y Mucio Escévola, dos héroes romanos

Los romanos habían derrotado a los etruscos, pero no todos se hallaban contentos con el nuevo sistema de gobierno. Algunos añoraban la anterior forma monárquica y sobre todo, un grupo de jóvenes, ultras diríamos en términos actuales, apoyaban el regreso de Tarquinio al trono. Una indiscreción denunció a dos de los conspiradores y Bruto ordenó de inmediato la detención de todos los implicados. Con estupor, Bruto comprobó que entre los presuntos se encontraban dos de sus propios hijos y como quiso dar un escarmiento, ante las pruebas condenatorias del tribunal pasó por el trance de preferir su muerte antes que salvarlos del suplicio, ya que por encima del sentimiento paternal se hallaba el sagrado amor a la patria. Con este terrible sacrificio se ganó el respeto del pueblo.

El golpe estaba auspiciado por el propio Tarquinio y, cuando éste se enteró del fracaso, intentó de nuevo el asalto al poder y se alió con el poderoso rey etrusco Porsena, que atacó Roma con un numeroso ejército muy bien pertrechado.

Amparados en los recios muros de la ciudad, los romanos se prepararon para resistir un largo asedio. Cuando los etruscos levantaron su campamento a corta distancia de la población, intentaron una salida desesperada para evitar la estabilización del cerco, pues más temprano o más tarde podría conducir a la rendición. Furiosamente, los etruscos rechazaron el ataque e incluso persiguieron a sus enemigos hasta el puente que franqueaba el Tíber, puente de madera por donde entraban y salían de Roma soldados y vituallas. Si los etruscos se hubieran apoderado de él, su victoria hubiera sido un hecho, pero allí se encontraba Horacio Cocles, esto es, el tuerto.

Pero dejemos al gran historiador Tito Livio (siglo I d.C.) que nos cuente la hazaña:

Cocles se encontraba guardando el puente vital para Roma cuando al darse cuenta de que los etruscos habían conquistado el monte Janículo y desde allí perseguían a los romanos en vergonzosa retirada hacia la ciudad, detuvo a los primeros que llegaron al puente y, poniendo por testigo a los dioses y a los hombres, les reprochó su error en abandonar su puesto y huir, porque si el puente caía en manos del enemigo pronto habría tantos etruscos en el Palatino y el Capitolio, corazón de la misma Roma, como en el Janículo. Por eso les exhortó a que destruyeran el puente lo más aprisa posible con hachas, sierras, palancas de hierro y todos los medios a su alcance. Mientras, él sostendría el ataque contra todo aquel que osara impedir el desmantelamiento del puente. Tras esta recomendación se dirigió a la entrada del mismo y fue maravilloso verle enfrentado a un ejército de miles de hombres que se aproximaban, cantando ya lo que creían fácil victoria.

Ante su desafiante prestancia, los etruscos frenaron en seco en su carrera y por un momento vacilaron. Contagiados por tanto valor, dos soldados romanos decidieron unirse a Cocles: Espurio Marcio y Tito Herminio, y comenzó el choque. Uno tras otro fueron cayendo ante los certeros golpes de los tres héroes y, cuando la resistencia había llegado a su límite, oyó voces de los suyos que le indicaban que el puente estaba a punto de derrumbarse. Un esfuerzo más y exclamó: «¡Padre Tíber, dios santo, a ti te encomiendo! ¡Recibe benigno las armas y este soldado en tu lecho!» Y completamente armado, Cocles se arrojó al Tíber, al mismo tiempo que el puente caía con estrépito.

Nadó desesperadamente contra la corriente, pero su pesada armadura le hundía una y otra vez, hasta que tras ímprobos esfuerzos pudo ganar la orilla y reunirse sano y salvo con los suyos. Entonces se lo llevaron a la ciudad en triunfo, en medio de una multitud que lo aclamaba y el senado romano le premió con toda clase de recompensas y honores, así como a sus compañeros que tan valientemente habían arriesgado su vida.

Porsena no se dio por vencido y decidió rendir por hambre la ciudad. Cuando la situación era más desesperada, un hombre llamado Mucio Escévola concibió un arriesgado plan, que consistía en la eliminación por el hierro de Porsena.

A tal fin, convenientemente disfrazado, cruzó el río y penetró en el campamento enemigo con un puñal escondido bajo el manto. Se acercó hasta la tienda del soberano etrusco sin que nadie reparara en su presencia. Mucio distinguió a un hombre que parecía dirigir a los demás y, sin pensárselo dos veces, le hundió el puñal en el pecho causándole la muerte instantánea.

¿Cuál no sería su sorpresa cuando los soldados se abalanzaron sobre él y a empellones le llevaron en presencia del propio Porsena?, quien encolerizado le preguntó: «¿Quién eres? ¿Por qué has matado a mi secretario, a quien tanto quería y en quien tanto confiaba?».

El joven no mostró temor alguno. «Mi nombre es Mucio, contestó tranquilo, soy romano y vine a matar al enemigo de mi patria, por desgracia me he equivocado y no tengo miedo a morir, pero otros vendrán y alguno tendrá la suerte de consumar mi deseo».

«Dime quiénes y cuántos son esos otros, sino quieres morir en tormento», le espetó Porsena.

«Nada diré por mucho que me tortures —dijo Mucio—, y para demostrar lo que digo, ahí tienes la prueba —acto seguido extendió brazo y mano sobre la hoguera que estaba preparada para recibir su cuerpo y dejó que se consumieran sin proferir ninguna queja sino la siguiente observación—: Mirad, mirad que poca importancia tiene el cuerpo para quien desea una gloria inmortal.»

Porsena, no pudiendo contener su admiración, saltó de su asiento y ordenó a los guardias que alejaran al joven de la hoguera. «Quedas libre —le dijo—, no quiero cebarme en un hombre tan valiente.» «Tu magnanimidad conseguirá lo que no lograste con amenazas. No soy yo solo, sino trescientos hombres los que hemos jurado matarte. Cada uno de ellos lo intentará y alguno lo logrará.»

Poco tiempo después, Porsena envió embajadores a Roma. El peligro que le amenazaba y el valor romano impresionaron al rey y le movieron a firmar la paz. Mucio fue espléndidamente recompensado y como desde entonces no pudo valerse de la mano derecha por las horribles quemaduras sufridas, se le conoció cariñosamente con el sobrenombre de Escévola, es decir, el zurdo.

Patricios y plebeyos

Los romanos forjaron su posterior poderío en su lucha con los pueblos vecinos por lograr la unidad peninsular itálica. Recién estrenada la república, Roma fue nuevamente a la guerra, esta vez contra los volscos, irreconciliables enemigos de la ciudad del Tíber.

La situación interna no era nada favorable para los romanos pues estaban minados por luchas internas entre los patricios, la nobleza dirigente que descendía de los primeros habitantes, y los plebeyos, cada vez más numerosos que procedían de los emigrantes que se instalaron después en la ciudad y no poseían ninguna influencia en el gobierno, que se dedicaban a la artesanía y a la agricultura. Cierto que algunas familias plebeyas eran ricas y respetadas, pero en general sólo la torpeza de los patricios que les alejaba de los asuntos públicos era caldo de cultivo para cualquier rebelión.

El gran historiador Tito Livio nos ha dejado el siguiente relato: Cierto día un anciano entró en el Foro, centro donde discurría la vida ciudadana, hecho una lástima. Tenía los vestidos manchados, estaba pálido y enjuto, el rostro como un cadáver, el cabello y la barba desgreñados. A pesar de ello, todo el mundo le conoció. Había mandado una centuria, es decir, era un centurión, jefe de cien hombres, el grado más elevado de la suboficialidad en la legión romana, la mayor unidad táctica de su Ejército, y la multitud comenzó a compadecerle en voz alta. Mostraba por doquier testimonios de sus heroicos combates y las cicatrices de su cuerpo. Cada vez la multitud era mayor y le inquirió sobre el porqué de su situación y su lastimoso aspecto. Explicó que fue soldado en la guerra de los sabinos, y que, después del saqueo, no sólo no recogió cosecha alguna, sino que su granja fue incendiada y sus ganados robados; y que en aquella crisis le exigieron el pago de los impuestos y se llenó de deudas, y como éstas fueron aumentando por los intereses, le embargaron el campo de sus padres y el resto de sus bienes y no perdonaron ni una persona; que su acreedor le amenazó no sólo con la esclavitud sino con la prisión y la muerte. A continuación, enseñó a todos sus espaldas con huellas de recientes azotes.

Impresionado por el aspecto y las palabras del centurión, el gentío se alborotó. Los patricios fueron incapaces de contener el tumulto que se extendía por toda la ciudad. Los esclavos con deudas, con o sin cadenas, se precipitaron a las calles implorando el apoyo de los sabinos inmigrados. Por si fuera poco, unos caballeros latinos recién llegados anunciaron otra grave noticia: el ejército, tomando la ofensiva, se dirigía contra Roma.

Pero si el peligro exterior era evidente, en el interior la amenaza de los plebeyos de no cumplir sus obligaciones militares, si no se atendían sus reivindicaciones, era quizá mucho más grave. Los patricios tuvieron miedo y prometieron concesiones sobre el pago de impuesto y la condonación de las deudas; así engañadas, las pobres gentes marcharon a la guerra y vencieron a los volscos, pero como tantas veces ha sucedido, desaparecida la amenaza las promesas fueron olvidadas y la situación se repitió de nuevo. Entonces la paciencia de los plebeyos se acabó: abandonaron Roma y levantaron un campamento en el Monte Sagrado. Desde allí amenazaron con fundar una ciudad rival en la que todos los hombres tuvieran idénticos derechos y deberes.

Roma quedó consternada ¿Qué ocurriría si el conflicto derivaba en lucha abierta? Los patricios decidieron parlamentar y para ello eligieron a Menenio Agripa, excelente orador, patricio moderado muy estimado por la plebe. Gracias a su mediación los plebeyos consiguieron el derecho, igual que los patricios, de poseer su propia asamblea: en ésta el derecho a votar sería independiente de la riqueza e igual para todos. Sus representantes electos elegirían a su vez a sus propios magistrados, llamados tribunos de la plebe, cuya misión era proteger a sus hermanos de clase contra la arbitrariedad de los patricios. La retirada al Monte Sagrado y el establecimiento del tribunado de la plebe parece que ocurrieron hacia comienzos del siglo V a.C.

Coroliano

La mayor parte de los patricios habían hecho concesiones a los plebeyos a la fuerza y alguno esperaba la ocasión para vengarse. Así sucedió con Cneo Marcio Coriolano, un patricio famoso por su intrépido valor, por el orgullo de su ilustre cuna y por sus fieros ataques contra la institución del tribunado de la plebe. Coriolano creyó llegada su oportunidad cuando durante un año de escasez aconsejó el Senado que no ordenara la distribución del trigo siciliano adquirido como emergencia hasta que los plebeyos no renunciaran al tribunado «¿Cómo soportamos a un tribuno los que no quisimos tolerar a Tarquinio?» exclamó desafiante ante el Senado, pero los plebeyos consiguieron citarle ante un tribunal y, viendo las cosas mal paradas, antes de escuchar la sentencia condenatoria se exilió voluntariamente entre los volscos.

Coriolano deseaba la revancha por encima de todo. Persuadió a los volscos, que le nombraron jefe de operaciones, y éstos volvieron a marchar contra Roma, arrasando los campos a su paso; sólo respetó las propiedades de los patricios.

En Roma reinó el temor y la confusión. Nadie deseaba otra guerra y el Senado envió embajadores a Coriolano. Éste los recibió con insolencia y rechazó todas las proposiciones de paz. Después fueron los sacerdotes revestidos con ornamentos sagrados, pero tampoco obtuvieron resultado. Finalmente, fueron las mujeres las que idearon el modo de salvar a su ciudad del desastre.

Coriolano, al partir para el destierro, no se había llevado consigo ni a su anciana madre Venturia ni a su mujer Volumnia, ni a sus hijos. Pronto salió de Roma una silenciosa comitiva de mujeres vestidas de negro. A la cabeza de ellas iba la madre de Coriolano, encorvada y torpe por la edad, y junto a ella marchaba la mujer del rebelde y sus dos hijos pequeños. Cuando Coriolano las reconoció, corrió a abrazar a su madre. Pero ella le frenó con las palabras: «Antes de que me abraces, dime si estoy ante un enemigo o ante un hijo, si estoy en tu campo como cautiva o como madre. ¿Para esto he vivido tanto? ¿Para verte desterrado y enemigo de la patria? ¿Has sido capaz de asolar esta tierra que te crió y alimentó? Por encolerizado que estuvieras, por muchos deseos que tuvieras de asolar estos campos ¿es posible que no puedas deponer tu ira al pisar esta tierra? Al divisar Roma ¿no has pensado que dentro de sus muros está tu casa, tus dioses lares, tu mujer, tu madre y tus hijos? ¡Ojalá hubiera sido estéril y así Roma no se vería hoy atacada! ¡Si no hubiera tenido un hijo como tú, hubiera muerto libre en una patria libre!»

«Volveos a casa —dijo Coriolano en voz baja— Roma está a salvo, porque mi cólera ha muerto en este preciso instante.» Besó a los suyos uno tras otro y la procesión volvió a Roma tan silenciosa como había venido. Coriolano regresó con su ejército decepcionado al país de los volscos, y éstos le mataron movidos por la ira.

La Ley de Las Doce Tablas

Cierto que los pobres y los oprimidos mejoraron su suerte a partir de la retirada plebeya al Monte Sagrado, pero mientras Roma no instaurase leyes escritas, la arbitrariedad continuaría en manos de los cónsules y magistrados patricios. Hasta entonces las normas en que se basaban los magistrados habían sido secretas, reunidas en textos que los sacerdotes guardaban celosamente y mezcladas con ritos religiosos con los que se pretendía mezclar la voluntad de los dioses en el veredicto. De esta forma un asesino podía salir bien librado mientras que un simple ladronzuelo de gallinas, pongamos por caso, podía ser condenado al patíbulo, todo dependía del humor que los dioses a través de los magistrados y sacerdotes, que eran patricios, tuvieran el día del juicio.

Los plebeyos se sentían indefensos y varias veces había fracasado la redacción de un código equitativo. Pero con la tozudez que animaba a la mayoría y a sentirse imprescindibles, aprovecharon la presión de las amenazas exteriores: volscos, ecuos, galos, y consiguieron que el Senado enviara a Grecia a tres hombres sabios y honrados con la misión de que estudiaran las célebres Leyes redactadas por Solón, así como cuantas instituciones, usos y costumbres tuvieran los atenienses y demás pueblos helénicos. Tras dos años de ímprobos trabajos, regresaron a Roma.

Entonces se nombraron por el período de un año a diez hombres de prestigio llamados *decemviros* (del latín *decem* = diez y *vir* = varón; viros = varones) encargados de redactar las nuevas leyes sin que ningún otro funcionario pudiera interferir su labor. La asamblea de los plebeyos aceptó sin rechistar en el Foro las leyes de los decemviros y su texto fue grabado en doce tablas de bronce.

La *Ley de las Doce Tablas* sentó las bases de ese extraordinario edificio que con el tiempo constituiría el *Derecho Romano*. Su estilo fue un modelo de claridad y concisión. El articulado se expresa sin florituras y juzga con extraordinaria dureza, sin excepciones ni atenuantes. Se castiga hasta el más insignificante delito, pero no respira crueldad ni sadismo. La prohibición de las torturas (desgraciadamente sólo para los hombres libres) es un ejemplo. De enseñanza obligatoria desde que el niño iba a la escuela, gracias a ello hemos conservado la mayor parte de su redacción. Si en Grecia se formaba a la juventud con los poemas homéricos, en Roma se hizo con la Ley de las Doce Tablas, la poesía y la prosa. Esta gran conquista lleva como fecha el año 451 a.C., poco más o menos a los trescientos años de la fundación de Roma.

Apio Claudio y Virginia

Y sucedió que a los decemviros les gustó tanto el poder que al cabo del año prescrito no desearon resignar su mandato, al contrario, pronto empezaron a comportarse como tiranos, como si fueran diez reyes, e incluso los patricios se atemorizaron. El más malvado de todos los decemviros era Apio Claudio. Sus andanzas criminales culminaron cuando puso los ojos en la hija de un plebeyo distinguido llamado Virginio y por lo cual atendía por Virginia. Apio Claudio quiso hacerla su amante, pero fracasó a sus requerimientos, regalos y promesas. Entonces recurrió a la astucia.

Cierto día se le acercó a Virginia un individuo pagado por Apio bajo el pretexto de que era hija de una de sus esclavas y ordenó su detención para conducirla ante el malvado. Perpleja, la hermosa muchacha no supo cómo reaccionar, pero por suerte la nodriza que la acompañaba gritó pidiendo socorro. El pueblo se arremolinó con cara de tan pocos amigos que el presunto raptor puso pies en polvorosa, no sin antes citarla por su supuesta condición de esclava ante los tribunales.

El día del juicio en el Foro la expectación era inusitada. Virginia y su auténtico padre se hallaban sumidos en la mayor desesperación, pues a pesar de las pruebas, Apio consiguió que la muchacha fuera declarada una esclava. Sin pensárselo dos veces el padre cogió un puñal y lo clavó en el pecho de su hija, mientras exclamaba: «Es la única forma que tengo para devolverte la libertad y que no te transformes en la verdadera esclava de un malvado —y volviéndose ante el responsable le increpó—: ¡En cuanto a ti, Apio, que esta sangre atraiga sobre ti la venganza de los dioses!»

Indignada, la plebe se sublevó y el propio ejército amenazó con apoyarla. El Senado, reunido en sesión de urgencia, agradeció los servicios prestados a los decemviros y consiguió su deposición, Apio Claudio se convirtió en bandido ante la justicia y tras echarle guante fue encarcelado, pero se anticipó a la sentencia poniendo fin a su vida.

Un dictador modelo: Lucio Quincio Cincinato

La máxima autoridad ejecutiva de la Roma republicana fueron dos cónsules, pero en caso de grave peligro interno o externo, el Senado podía nombrar un dictador por un período de seis meses y le investía de un poder ilimitado sobre la comunidad, incluida la vida de los ciudadanos. El cargo era pues excepcional y limitado, pues nadie podía

Retrato esculpido en mármol de un personaje relevante de los últimos tiempos de la república romana, al parecer Cayo Mario (Museo Vaticano). Sus características reflejan las de un militar firme y voluntarioso.

ejercerlo más de seis meses; cumplida su misión, el cesante tornaba a ser un ciudadano cualquiera dispuesto a rendir cuenta sobre las medidas tomadas durante su mandato.

A mediados del siglo V a.C., los romanos volvieron a estar en un aprieto, esta vez frente a los ecuos. Uno de los cónsules cosechó derrota tras derrota en el campo de batalla. Entonces el Senado invistió como dictador a Lucio Quincio Cincinato (denominado así por su cabello ensortijado), cuya fama había cimentado con su gobierno como cónsul sagaz y honrado. Cuando los delegados del Senado fueron a buscarle con el fin de comunicarle el resultado de la votación, le encontraron tranquilamente trabajando su campo.

Al día siguiente entró en el Foro revestido con la toga dictatorial adornada de púrpura y convocó a las armas a todos los ciudadanos. Encuadrados en legiones se colocó al frente del ejército. Amparándose en la oscuridad de la noche, los soldados bajo las órdenes de Cincinato rodearon al enemigo tras infiltrarse en su propias líneas y erigieron sigilosamente una empalizada. De esta forma los ecuos, sitiadores de los romanos, quedaron entre dos fuegos, el de los que sitiaban y el creado por el astuto dictador.

Casi concluido el trabajo, Cincinato ordenó a los romanos que profirieran gritos de guerra. Los ecuos, cogidos entre los que pensaban que sería presa fácil y los nuevos atacantes, solicitaron la paz. Cincinato les dejó marchar en libertad a cambio de entregar las armas y quedar sus jefes como rehenes. Hacía tan sólo una semana que era dictador y, habiendo cumplido su misión, se despojó de los símbolos de su poder y marchó tranquilamente a ocuparse de su arado, aunque podía haber conservado el mando durante casi seis meses. Quedó así como un símbolo del espíritu cívico de los romanos.

El recuerdo de Cincinato llegó con la historia nada menos que a los Estados Unidos de América, cuando la ciudad de Cincinnati perpetuó su memoria en homenaje al nuevo Cincinato de la nación norteamericana: George Washington.

Veinte años después, un romano influyente y riquísimo intentó un golpe de Estado: se llamaba Espurio Melio y aprovechando una extraordinaria escasez de alimentos pensó que sería fácil llegar al poder a base de distribuir trigo gratuito entre la plebe. Una multitud adicta le siguió a todas partes, esperando la orden para auparlo a la más alta magistratura del consulado. La libertad de Roma se hallaba en peligro desde dentro. Para conjugarlo, el Senado volvió a elegir como dictador a Cincinato. Tenía entonces ochenta años, pero su vigor físico e intelectual no había menguado. Cincinato supo de los planes de soborno del encartado, de que en su casa almacenaba armas y mantenía reuniones secretas y resolvió enviar a Servilio, jefe de la caballería con el propósito de traer a Melio a su presencia. El presunto golpista comprendió que aquella invitación era harto sospechosa y solicitó al pueblo que le protegiera, pero Servilio, sin atender a razones, se adelantó al golpe de mano, detuvo a Melio y ordenó su muerte. Cuando Cincinato lo supo, dijo a Servilio: «¡Gracias por tu valor oh Cayo, el Estado se ha salvado!»

Camilo

Hacía cien años que Roma había expulsado a su último rey, Tarquinio el Soberbio, cuando volvía a guerrear contra los etruscos. Había sitiado la ciudad de Veyes, una de las plazas fuertes más importantes y ricas del enemigo. Diez años llevaban los romanos empeñados en conquistarla, sin resultado positivo alguno. Un tal Camilo había sido nombrado dictador y resolvió que la codiciada ciudad cayera antes de finalizar su mandato. Con el fin de animar a sus soldados prometió una generosa porción del botín a todo el que contr ribuyera a ganar la plaza. Asimismo imploró la ayuda de los dioses, comprometiéndose a concederles ricos presentes para sus templos.

Camilo acudió al factor sorpresa. Sigilosamente, sus soldados excavaron un túnel que conducía a la propia plaza principal de la población; día y noche trabajaron sin descanso con el más exquisito camuflaje. Cuando ya estuvo concluido, Camilo dio la señal convenida y, mientras parte del ejército romano asaltó la muralla, otra parte se coló hasta el corazón mismo de la ciudad. Cogidos entre dos fuegos, los de Veyes se rindieron. Sus habitantes fueron vendidos como esclavos y todas sus riquezas fueron transportadas a Roma.

Para cumplir su promesa a los dioses, Camilo dispuso que el valioso contenido de los templos etruscos pasara a los romanos. Con gran cuidado se vaciaron las cámaras de los tesoros enemigos y las estatuas de sus dioses fueron pulcramente embaladas y colocadas en carros para el viaje hasta la ciudad del Tíber. El cuidado se esmeró cuando se trató del traspaso de la estatua de la diosa Juno, señalada protectora de la ciudad vencida. Se preparó un equipo de jóvenes y, antes de poner manos a la obra entraron en el templo donde, tras sagradas abluciones, vistieron inmaculadas túnicas blancas. Mientras calculaban la mejor forma de trasladarla, uno de los jóvenes se atrevió a decir a la diosa:

«Gran señora de los cielos, ¿te gusta ir a Roma?»

Entonces alzaron los demás la vista y vieron con sorpresa cómo la estatua asentía con un levísimo movimiento de cabeza. Atónitos, los porteadores pudieron comprobar que les era muy fácil su transporte por su ligereza, a pesar del enorme tamaño de la estatua. Era evidente que la diosa tenía prisa por conocer su nuevo hogar.

Entonces Camilo llevó al ejército romano a expugnar Faleria. Ni los asediados ni los sitiadores daban su brazo a torcer. Había en Faleria un maestro de escuela que acostumbraba a sacar diariamente a paseo a sus alumnos fuera de las murallas para que tomaran el sol, y los muchachos eran hijos de las figuras más prominentes de la ciudad. Cierto día, sin que se averiguara la causa, y paseando más lejos de lo acostumbrado, se llegó hasta la tienda de Camilo instalada en el lugar prominente del campamento romano y, tras indicar que lo condujeran a su presencia, le dijo:

«Te traigo a los hijos de los hombres más importantes de Faleria, tómalos como rehenes y pronto será tuya la ciudad.»

Sin embargo, Camilo le contestó: «Nosotros no nos valemos de semejantes ardides para apoderarnos de las poblaciones enemigas ni tampoco deberías hacerlo tú. Eres un traidor y un canalla», y acto seguido ordenó que desnudasen al intruso hasta la cintura y dando una vara a cada uno de los muchachos les mandó que regresasen a su ciudad apaleándole. Al ver entrar aquella extraña comitiva los habitantes de Faleria se arremolinaron a su alrededor y pronto conocieron lo sucedido. Los etruscos valoraron la justa y honorable acción de Camilo hasta el punto de que, comprendiendo que había rechazado una fácil victoria, bien valía la pena, si todos los romanos eran como él, tenerlos por aliados y no por enemigos, solicitaron la paz y Camilo regresó en triunfo.

Durante algún tiempo, la reputación de Camilo fue intachable; pero poco después de la hazaña de Faleria, el Senado y Camilo se indispusieron y éste se exilió voluntariamente en Ardea. Cierto día los romanos quedaron tan perplejos como atemorizados. Desde lo más ignoto una misteriosa voz les alertó de un peligro inminente como nunca había sucedido: «¡Estar dispuestos romanos, porque los galos ya están aquí!»... ¿Los galos? pero, ¿quiénes eran? ¿cómo es que les amenazaban de aquella manera?

Los gansos sagrados de Juno Salvan la ciudadela

Los galos, pueblos del tronco celta, se habían establecido en la actual Francia y, atraídos por los hermosos frutos de la península itálica y sobre todo por el vino que tanto les gustaba, penetraron hasta la llanura del río Po, tras franquear los Alpes. La necesidad de nuevos pastos impulsó todavía más al sur a estas tribus todavía nómadas. Una nueva y mayor oleada de galos fue más lejos: franqueó los Apeninos. De nada sirvió que los romanos se opusieran a su paso. Con una técnica militar muy depurada y feroz aspecto, aquellos bárbaros, altos, rubios, barbudos y de ojos azules, con un estridente grito de guerra que atemorizaba al más osado, destrozaron la resistencia de las legiones y el camino les quedó expedito hacia la Ciudad Eterna.

Cuando los habitantes de Roma supieron el resultado del combate, muchos huyeron en desorden hacia los poblados vecinos; otros, los más jóvenes y vigorosos, cogieron los tesoros y cuantas provisiones pudieron encontrar y se encerraron en la Ciudadela del Capitolio, la fortaleza sagrada de la población. En el Foro sólo permanecieron algunos venerables ancianos excónsules o senadores que, vestidos con sus mejores galas, ocuparon los escaños propios de su rango y se dispusieron a afrontar el sacrificio de su vida, si los dioses así lo disponían.

Afortunadamente, aquellos bárbaros perdieron un precioso tiempo en saquear, decapitar a los enemigos muertos en el combate y sobre todo celebrar su victoria con la más ruidosa de la orgías. Cuando penetraron en la desértica ciudad, quedaron sorprendidos ante las únicas figuras de carne y hueso que, sentadas, les aguardaban impasibles.

No sólo por sus ropajes y actitud sobrehumana, sino por la majestad que mostraban en su expresión y la gravedad de su rostro, semejaban dioses. Ante aquellos ancianos que parecían estatuas los galos quedaron perplejos. Uno de los galos acarició la barba a uno de esos romanos llamado Marco Pipireo, que se la había dejado crecer según costumbre de la época, y el anciano reprimió al bárbaro golpeándole en la cabeza con el cetro de marfil; el golpe excitó la cólera del galo y fue la señal de una carnicería y una matanza de todos los patricios que encontraron y, no perdonando a grandes ni pequeños, saquearon los edificios y al hallarlos vacíos les prendieron fuego.

Una vez arrasada casi toda Roma, los galos prepararon el asalto a la Ciudadela. Era una noche clara y por casualidad toparon con una senda en la escarpada ladera en cuyo final por las dificultades de ascensión los romanos habían descuidado la vigilancia. Silenciosamente los galos ascendieron trabajosamente por la senda, mientras los romanos dormían. Nada turbaba el silencio de aquella hermosa noche; hasta los perros estaban mudos.

En el interior del recinto del Capitolio se levantaba el gran templo dedicado a Juno, traído de Veyes, y en él había un enorme corral con muchos gansos, aves consagradas a la diosa. Cuando los gansos oyeron un ruido leve y sospechoso comenzaron a graznar y batir alas excitados. Los primeros enemigos que asomaron por la cima del escarpado montículo se vieron atacados por los aletazos de aquellas gráciles aves que, estirando los cuellos y no dejando de graznar, despertaron a los centinelas, que dieron buena cuenta de los atacantes. Por el momento los gansos habían salvado a la Ciudadela y desde entonces las sacerdotisas de Juno los cuidaron todavía más que antes, prohibiendo terminantemente su sacrificio.

¡Ay de los vencidos!

El hambre atacó tanto a sitiadores como a sitiados. Entonces en el campamento galo se propagó la peste, pero los defensores se hallaban también extenuados. Ofrecieron pues a los galos una suma de 1000 monedas de oro si levantaban el asedio. El caudillo bárbaro, al que la fortuna tampoco le sonreía, aceptó, los romanos llevaron las monedas para el pesaje, pero los soldados galos lastraron las pesas y en la práctica la suma subió mucho más de lo acordado. Cuando los romanos protestaron, el jefe galo se limitó a encogerse de hombros, echó la espada al platillo que hacía de contrapeso y exclamó: ¡Ay de los vencidos!

Entonces la suerte se puso de cara a los romanos. Todavía se pesaba el oro cuando apareció Camilo al frente de un ejército de refuerzo. Nombrado nuevamente dictador, aplastó a las tropas galas y entró en triunfo en la ciudad, siendo aclamado como el «segundo fundador de Roma». A los ochenta años se le confió por última vez la dictadura, desgraciadamente no pudo terminar su mandato, pues una enfermedad terminó con una vida que los más grandes peligros en los campos de batalla no habían podido lograr.

* * *

LOS TIEMPOS PLENAMENTE HISTÓRICOS

De la República al Imperio

Rechazados los galos, las leyendas romanas o latinas se difuminaron para entrar en los tiempos plenamente históricos. Roma pasa a la contraofensiva que ya no abandonará, a pesar de unos primeros reveses contra el rey del Epiro (en la ex Yugoslavia), Pirro, un nuevo «invasor» de la Península y de su derrota definitiva, tras la toma de Tarento por los romanos (272 a.C.).

Fue entonces cuando a la permanente influencia etrusca, Roma recibió de lleno la de Magna Grecia (colonias griegas del sur de Italia), influencia helénica ya iniciada anteriormente y a la que los propios etruscos no se sustrajeron. Treinta años más tarde, la conquista de Sicilia reforzaría tal corriente, que culminaría con la incorporación del mundo helénico al romano (146 a.C.), cuando Roma tuvo que luchar por enésima vez por su supervivencia, en esta ocasión contra Cartago, la patria de la famosa Dido, y de nuevo finalmente resultó vencedora.

El proceso de helenización (asimilación de la cultura griega) se consolida en el siglo I a.C., cuando a raíz de las últimas guerras civiles se completó la conquista del Oriente helenístico. La derrota de Marco Antonio, que pretendió acaudillarlo, tras ser seducido por Cleopatra (como antes la había sido el propio César), contra el Occidente, dirigido por Octavio Augusto, aseguró definitivamente la supremacía de Roma, tal como según la tradición habían predicho los oráculos y determinó durante siglos la Mitología y las creencias de esa singular organización que fue el Imperio Romano, pero como escribiría Horacio: «La Grecia conquistada cautivó a su fiero vencedor e introdujo su cultura y religión en el agreste Lacio, dominador de toda la cuenca mediterránea».

El sustrato religioso indoeuropeo

En primer lugar se hallaban los *numina*. El *numen* no es exactamente un dios, aunque con el tiempo adquirirá esta aceptación. Observamos su etimología: proviene de un verbo de acción que significa *moverse*. Consistía en una fuerza que actuaba de forma voluntaria, bien por intermedio de los fenómenos de la naturaleza o de las acciones humanas. Cualquier cambio o realidad dinámica provenía de la voluntad de un *numen*, exterior y superior al hombre que traía consigo, en especial, al manifestarse de forma espectacular e insólita, un estado de terror sagrado, el *horror*.

Consecuentes con estas creencias, el número de los *numina* llegó a ser casi infinito. Así, por ejemplo, los que presidían las primeras acciones del niño pasaban de cuarenta: *Vaticanus* le hacía emitir el primer vagido, *Rumina* le enseñaba a encontrar el seno materno, *Educa* y *Potina* a comer y beber, *Statulinus* a mantenerse de pie. *Fabulius* a balbucear la primera palabra, etcétera.

Había que adorar al numen de cavar la tierra, al numen de ararla, al del surco y al del arado, al de la cosecha, al de llevar el trigo al granero, etc. Muchos de estos numina eran benéficos como, por ejemplo, *Espiniencus*, que ayudaba a limpiar de espinas el campo, o *Esterculi*, que vigilaba su abono, o *Cloacina*, que tenía a su cuidado la red de desagües. Pero otros no; *Febris* era portador de la fiebre, la terrible malaria; ayudado por *Terciana* y *Quartiana*, por ello era necesario aplacarlas. Lo mismo propio era necesario con el temido *Robigus*, numen del óxido y el enmohecimiento. El 25 de abril era su día dedicado, en el que se le sacrificaba un perro, probablemente rojizo o del color de la herrumbre.

Poco a poco, algunos numina con un campo de acción común se agruparon como las variadas manifestaciones de un solo dios. A pesar de ello, en el siglo I Varrón llegó a calcular más de treinta mil divinidades, entre las cuales se habían concretado muchos numina.

Era necesario conseguir que los numina resultaran propicios neutralizando sus influencias nocivas. Ello se procuraba a través del adecuado sacrificio. Pensemos que en latín sacrificio es *sacrum facere*, es decir, hacer sagrada una cosa, mientras que la palabra religión viene de *religare*, atar, comprometer, implicando ritos más que verdaderas creencias; insistiremos después sobre ello.

Dios auténticamente indoeuropeo fue *el cielo*, fuente primordial de be-

neficios y de daños, adorado como el dios padre por excelencia (*Daiuspitar*) que los griegos concretaron en *Zeus-pater* (pensemos que en griego el genitivo de *Zeus* es *Dios*) y los latinos divinizaron con el nombre de Júpiter. No se trata aún de un dios todopoderoso, gobierna en el cielo y a él sólo se extiende su influencia. De este modo, con diversos epítetos preside los principales fenómenos celestes: *Lucetius*, el que da luz; *Elicius*, el que manda la lluvia; *Fulgur* y *Tonans*, productor del rayo y el trueno.

En el substrato indoeuropeo (recordemos que indoeuropeo es el tronco común de pueblo al que pertenecen griegos y latinos o romanos entre otros muchos) subyace el *culto a los antepasados*. El jefe de familia (*pater familiae*), como más cercano descendiente del antepasado divino y en quien se reencarnara su espíritu, es el sacerdote de ese culto. Él es quien preside los acontecimientos más importantes de la vida familiar: nacimientos, mayorías de edad, matrimonios, fallecimientos confiriéndoles un carácter sagrado que curiosamente el cristianismo imitará al instituir un sacramento para cada uno de ellos.

Dioses domésticos, que Pierre Grimal cree de origen etrusco fueron los *Lares*, divinización del suelo en que se levantaba la casa (Lar, *llar* = hogar) y los *Penates*, en principio numina de la despensa. Cada varón poseía su *genius* y cada mujer su juno, especie de «ángeles de la guarda» en forma de dobles protectores que acompañan al protegido desde su nacimiento hasta su muerte.

Los aportes preindoeuropeos

Al llegar a la península, los itálicos se impregnaron también de los elementos religiosos sustentados por los pueblos que allí encontraron. Muy poco se conoce de la vida religiosa de aquellas gentes, pero en un esquema general suele admitirse que mientras las divinidades celestiales (*uránicas*) son propias de los invasores, las telúricas o del subsuelo o el suelo (*ctónicas*) serían de origen mediterráneo, siendo la principal Saturno, pero respondiendo en último término a los diversos aspectos de una sola y primordial: la Tierra Madre (la Gran Madre, en Creta); de aquí a plantearse la idea de un primitivo matrimonio en dicho escenario, media sólo un paso.

Mitología etrusca

La dominación etrusca en el Lacio que comportó como, hemos visto, la organización de Roma como ciudad-Estado, imprimió lógicamente una huella profunda en la Mitología latina. Esa influencia no terminaría con la expulsión de los reyes etruscos, por el contrario, alcanzaría el siglo I a.C., cuando se extinguieron los últimos vestigios de su civilización. El problema se plantea al considerar el carácter complejo del legado cultural de este misterioso pueblo, puesto que en él se mezclan elementos propiamente asiáticos de su hábitat primitivo, aportes helénicos y características autóctonas de los pueblos que encontraron en la península a su llegada. Los eruditos intentan analizar que corresponde a cada uno de ellos.

Los etruscos tuvieron fama de ser muy religiosos. A este respecto Arnobio denominó a Etruria «engendradora y madre de todas las creencias».

Como suele acontecer, la imprecisión que parece rodear la figura de los dioses en la mitología de los pueblos primitivos nos hace pensar que los etruscos creyeron también en la existencia de una sola divinidad, que se manifestaba en múltiples personificaciones o espíritus, masculinos o femeninos. Al concretarse estas elucubraciones, surgió un dios supremo poseedor del rayo, Tin; la diosa del amor, *Turan*, con significado de la señora; la diosa *Lasa*, de la que derivaron los genios femeninos *lasae*.

La influencia helénica aceleró procesos de unificación y de creación de grandes divinidades. De esta forma el genio o dios telúrico de la vegetación de la Etruria meridional se convirtió en el dios nacional: Veltha,

Veltune o Volthumna. El Veltumnus o Vertumno romano, que es calificado como príncipe principal de los dioses etruscos. Otro caso semejante es el de Letha, Laran y Maris, que como genios de la guerra se concretan en el Marte etrusco-romano, tomando como modelo el *Ares* griego.

Al propio tiempo, la helenización contribuye a la antropomorfización de las divinidades etruscas, estableciéndose el siguiente paralelismo:

Tin o Tinia	=	*Zeus, Júpiter*
Uni	=	*Hera, Juno*
Menerva	=	*Athena, Minerva*
Sethlans	=	*Hefaístos, Vulcano*
Turms	=	*Hermes, Mercurio*
Turan	=	*Afrodita, Venus*
Maris	=	*Ares, Marte*
Fufluns	=	*Dionisos, Baco*
Thesan	=	*Aurora*

Otros parecen derivar de forma directa de los dioses helénicos. Así por ejemplo:

Apulun o Aplun	=	*Apolo*
Artumes	=	*Artemis*
Hercle	=	*Heracles*
Aita	=	*Hades*
Xarun	=	*Caronte*

Varios de los dioses etruscos son propios de un panteón común con los pueblos itálicos, tales como: *Uni* = Juno; *Menerva, Maris, Nethuns, Selvans, Ani* = Jano, *Sastre* = Saturno, Vesuna, etc. Típicamente etruscas serían *Notia*, divinidad del destino, y Mantus, divinidad infernal.

Los autores romanos refieren que los etruscos veneraban a doce dioses superiores y misteriosos que aconsejaban a Tinia cuándo y cómo lanzar el rayo y movían además el destino. Se trataba de los doce dioses *Consenti, complices* o *auxiliarii* que los romanos tomaron, seis masculinos y seis femeninos, y que pasados por el tamiz de la influencia helénica, fueron:

Masculinos			Femeninos		
Júpiter	=	*Zeus*	Juno	=	*Hera*
Neptuno	=	*Posidón*	Minerva	=	*Atenea*
Marte	=	*Ares*	Diana	=	*Artemis*
Apolo	=	*Apolo*	Venus	=	*Afrodita*
Vulcano	=	*Hefesto*	Vesta	=	*Hestia*
Mercurio	=	*Hermes*	Ceres	=	*Deméter*

Sin embargo, la agrupación más corriente de las divinidades fue en *tríadas*. De ellas la más importante es la clásica de *Júpiter, Juno* y *Minerva*, cuyo origen propiamente etrusco se halla en discusión. Existen también muchas parejas como *Aita* y *Fersipnai, Mantus y Mania* o gemelos como los *Dióscuros*.

En la Cosmogonía etrusca se fijan seis fases de la creación en seis milenios sucesivos. El cielo se hallaba dividido en dieciséis regiones, cada una de ellas con su propia divinidad.

Los etruscos creían en la supervivencia del alma humana y una vida de ultratumba. Utilizaron la inhumación y la incineración de los cadáveres. Hasta nosotros ha llegado en número extraordinario de urnas funerarias con la representación del difunto o del difunto y su esposa. Se trata de verdaderos retratos en los que se trataba de conservar la imagen del ser querido, cuya vida de ultratumba se intentaba continuar por medio de determinadas ceremonias.

Banquetes y juegos funerarios constituyen la base de un complicado ritual. Parece ser que hallaba arraigado un concepto terrible de la vida de ultratumba, sobre todo en época avanzada, en la que la serena idea de la supervivencia del alma se conmueve ante las penas y sufrimientos de un mundo subterráneo sin esperanza de redención y habitado por monstruos. Señores del inframundo son *Charum* (Caronte) y *Tuchulcha*.

Los etruscos dispusieron de una poderosa clase sacerdotal que se organizaba en colegios. Se elegía en pontífice máximo por espacio determinado. El culto se realizaba mediante oraciones e imprecaciones, inmolación de animales, procesiones, danzas, juegos y ejercicios de gladiadores que luego tomaron con tanto ahínco los romanos.

Fueron también maestros en el arte adivinatorio por medio de los *arúspices*, *augures* y *fulguratores*, agrupados también en colegios. Disponían de libros adivinatorios. La *aruspicina* intentaba escudriñar la voluntad divina mediante el examen de las vísceras de la víctima y singularmente del hígado (que suponían asiento del alma) de becerro o de oveja; según su aspecto se deducían toda clase de vaticinios. Los rayos también eran objeto de interpretación.

* * *

LOS GRANDES DIOSES GRIEGOS EN LA MITOLOGÍA ROMANA

Traducidos por nombres de antiguas divinidades latinas, su protección o simbología muchas veces es diferente que la otorgada u ostentada por las divinidades helénicas asimiladas. Así por ejemplo, *Júpiter* es tanto el nombre de un dios (*Divus Pater Indiges*) como un nombre genérico, un prenombre para designar mil divinidades distintas. La *Minerva* romana (*Mnerva, Menerva*) no es como Atenea la diosa de la sabiduría, sino la protectora del comercio y de la industria. *Mercurio*, por su parte, aparece diferente del Hermes griego por su etimología, emparentada con *mercari* (traficar), y es en efecto, el dios del comercio, no el mensajero de los dioses como el helénico. *Marte*, dios de la guerra, conocido también por los etruscos, puede identificarse en sentido amplio con el Ares griego. Era objeto de un culto especial, el de los cofrades *salios* o saltarines.

Saturno, a diferencia del Cronos griego, es una divinidad campesina, como *Silvanus, Júpiter, Faunus* y *Picus*. *Venus* fue primero como *Flora* y *Ferocinia*, una diosa de la primavera. Sólo con el tiempo se identificó con la *Afrodita* griega, diosa del amor. *Neptuno* aparece al principio asociado con una divinidad marina llamada *Salacia* (derivada de salum, el mar) y es lógico que después se identificara con el Posidón griego.

Vesta (para los griegos *Hestia*), de raigambre indoeuropea, representa la llama como elemento primordial del hogar; *Vulcano* (*Hefesto* en griego) simboliza el fuego como instrumento útil al hombre, y *Prometeo* representa el fuego como audacia o como inteligencia. La *Ceres* primitiva itálica protege el crecimiento de los cereales, de donde les viene este nombre, pues son representantes de las plantas útiles. Sólo después es asociada a Deméter.

Diana se trata de una divinidad itálica femenina símbolo de la luz (cuya expresión real sería la Luna) y su complemento masculino, *Djanu*, representaría la luz del sol. Los romanos en contacto con los griegos la identificaron con Artemisa, la diosa cazadora, hermana gemela y auxiliar de Apolo, dios de la luz, pero a la vez divinidad destructora. Por su origen, su culto fue desconocido por los romanos y sólo entró en relación con ellos a través de la Magna Grecia.

Veamos ahora con mayor detalle cada uno de ellos:

Júpiter

Hijo de Saturno y de Rea. Homólogo de la divinidad etrusca *Tinia*. Posteriormente fue asimilado al Zeus griego, del que tomó la genealogía y las aventuras. Dios de los Cielos, es la divinidad por excelencia del panteón romano, rectora de la luz del día, del tiempo atmosférico, el rayo, el trueno y la lluvia reparadora. Ciertos árboles como los robles le estaban particularmente consagrados. El primer Júpiter se llamó «Lacial» y su santuario se levantaba en lo alto del actual monte Cavo, al este del lago Albano y no muy alejado de la residencia papal.

El santuario más antiguo eregido en el Capitolio romano lo fue al *Júpiter Feretrio*, el «Despedazador», al que se le consagraban los despojos de cualquier jefe enemigo de los romanos muerto en combate. Según la leyenda, Rómulo ordenó su construcción para cumplir la promesa por su victoria sobre los sabinos y su rey Acrón. Pierre Grimal afirma que el primer templo se erigió al pie del Palatino bajo el apelativo de *Stator* («el que detiene» a los enemigos).

Una tradición conservada atribuye al rey-sacerdote Numa Pompilio el culto a *Júpiter Elicius*, con el significado de «el que atrae al rayo y permite al hechicero hacerlo descender».

Júpiter fue adquiriendo una importancia paralela al crecimiento de la ciudad de Roma hasta convertirse en *Júpiter Optimus Máximus* («el Mejor y Mayor de Todos»). De esta forma, alcanza el poder supremo de las divinidades y la presidencia del consejo de los dioses (los *Dii Consentes*). Durante la República cada uno de los dos cónsules, antes de comenzar su mandato, dirigía a Júpiter sus primeras oraciones. Los vencedores, en procesión solemne, le ofrendaban su corona triunfal y le ofrecían toros

El Júpiter romano y su esposa Juno. Aunque siguen teniendo un lugar destacado en la mitología romana, no poseen el empaque y prestancia de sus antepasados helénicos, Zeus y Hera, mostrándose más realistas y humanos.

blancos como víctimas. El rayo y el águila eran los principales símbolos del gran dios y ambos figuraban en los estandartes de las legiones romanas.

Ciertas piedras de pedernal o de sílex, que sacan chispas al frotar unas con otras, fueron relacionadas con Júpiter Lapis, en tanto que dios del rayo y el trueno. A través de dichas piedras se solicitaba a Júpiter una lluvia abundante y servían también para garantizar un juramento solemne o la firma de un tratado. Uno de los denominados sacerdotes *Feciales* —miembro de los veinte sacerdotes que aconsejaban en los asuntos internacionales— mataba un cerdo con una piedra de sílex e invocaba a Júpiter para sellar el juramento.

Los emperadores gustaron de colocarse bajo la protección del poderoso dios y algunos quisieron hacerse pasar por su encarnación o bien relataban sus contactos con él, en especial en sueños. Uno de los fieles más agradecidos fue el propio Octavio Augusto, que ordenó levantar en el Capitolio un templo a *Júpiter Tonante*. Años después, el desequilibrado Calígula se autonombró *Optimus* y *Máximus*, y comunicó su palacio del Palatino con un paso directo que desembocaba en el santuario de Júpiter en el Capitolio.

En todas las ciudades provinciales era imprescindible levantar un capitolio semejante al de Roma, como enlace del Júpiter de cada una de ellas con el capitalino, ya que las ciudades intentaban ser «Romas» en pequeña escala.

Además de su asimilación al Zeus helénico, Júpiter fue asociado a diversos dioses supremos orientales: *Sabacio, Amón, Doliqueno*, etcétera.

Iconología

Entre las varias representaciones del Júpiter etrusco conocidas, sobresale la del pequeño grupo del Louvre: *Júpiter, Tinia* y *Juno Cupra*. El modelo de Júpiter romano, rey de los dioses, fue copiado por regla general del Zeus griego. En su forma más antigua se representaba en estatua sedente y con larga barba, tal como esculpió para el templo del Capitolio Vulca de Veyes por mandato de Tarquino Prisco, escultura por desgracia destruida el año 82 a.C. A veces se lo representa con aspecto juvenil e imberbe, como el tipo volsco que aparece en algunas monedas, y también sobre una cuádriga. En la época imperial apareció el *Júpiter Conservador*, que protegía con su manto al emperador de turno. Sin embargo, la actitud que se generalizó es la del Júpiter barbado sentado en actitud solemne (estatuas del Louvre, de Nápoles y del Vaticano) o de pie enarbolando el rayo (museos del Capitolio, Vaticano, Dresde, Florencia, Louvre, etc.) en diversos tipos de bustos, bajorrelieves, camafeos, etc. En la época moderna, Juan de Bolonia realizó el Júpiter Pluvius para los Jardines Pratolino de Roma.

La pintura se ha inspirado en los innumerables episodios de su leyenda. Así Julio Romano (Londres) lo hizo en su nacimiento. Jordaens (Louvre) en su infancia; Cignani (Munich) plasmó su Júpiter amamantado por la cabra Amaltea, lo propio realizó Poussin (Berlín, Londres, Washington); Júpiter y Antíope por Rafael (Vaticano), Tiziano (Louvre); Júpiter fulminando a los gigantes por Julio Romano (Mantua); fulminando los vicios, Veronés (Louvre); A Carraci: Júpiter y Juno (Roma, Galería Farnesio); Cossiers: Júpiter y Licaón (Prado); Bronzino: Júpiter y Mercurio con Filemón y Baucis (Munich), temática en la que insistió Jordaens (Viena); Júpiter entregando a Venecia el imperio del mundo por Tintoretto (palacio de los Dux), etcétera.

Juno

Deidad itálica, después romana por excelencia, asimilada a la diosa Hera griega. Hija de Saturno y de Rea y esposa de Júpiter. Reina del cielo, diosa de la luz, de la mujer y de la unión legítima. Como tal presidía los esponsales y los matrimonios. Juno, homóloga de la divinidad etrusca *Uni*, personificaba la luz celeste entre los pueblos itálicos y también el ciclo lunar. Con Júpiter y Minerva forma la tríada venerada en primer lugar en la colina del Quirinal y después en el Capitolio. Con el epíteto de *Lucina* protegía los nacimientos, siendo en tal aspecto más parecida a la Artemis griega. Cualquier lazo, cinturón, nudo, etc., podía retrasar el parto si se asistía con ellos a su templo para depositarle las ofrendas, era pues condición indispensable el soltarse o desligarse de tales impedimentos.

En su honor se celebraba la fiesta de las *Matronalia*, correspondiente al día primero de marzo de cada año. Tan sólo las mujeres participaban en ella, llevando a su templo ofrendas a la diosa, su protectora. Al regresar a casa recibían regalos de los hombres y en aquella ocasión servían a sus esclavas, a semejanza de lo que realizaban los varones en las *Saturnalia* o fiestas en honor de Saturno. Las *Matronalia* recordaban por un lado el nacimiento de Marte, hijo de Juno, y por otro la intervención de las mujeres sabinas consiguiendo la paz, al interponerse entre sus padres y sus nuevos maridos, tras su rapto por los romanos.

Santuario importante fue el de *Juno Moneta*, diosa de los buenos consejos, o diosa que avisa (del latín *moneo*, avisar), recibiendo su culto en la Ciudadela. Los gansos de su recinto sagrado, con sus chillidos, avisaron a los romanos de la presencia de los galos que intentaban escalar el recinto amurallado y salvaron así a la ciudad de Roma. En el siglo III a.C. se instaló una ceca junto a su templo y a su producción se denominó en general *moneta*, de donde derivó la palabra moneda, puesta bajo la protección de la diosa.

Otros epítetos fueron: *Juno Caprotina*, protectora de la fecundidad y venerada con fiestas populares y licenciosas; Juno *Sospita*, diosa compasiva honrada en *Lanuvium*. La Juno Caelestis fue asimilada después de la tercera guerra púnica (siglo II a.C.) a la *Astarté* cartaginesa.

A semejanza de los *Genius* protectores de los varones, las mujeres poseían su Juno particular, auténtico «doble» divino que guardaba su femeneidad. Incluso las mismas diosas poseían su Juno. En la leyenda de los

Horacios, la hermana de Horacio vencedor ofreció un sacrificio expiatorio tras el duelo a su *Juno Sororia* (del latín *soror*, hermana).

Iconología

Simbolizada como esposa de Júpiter, las representaciones de Juno adoptan el modelo de la Hera helénica. Las repúblicas de originales griegos o romanos que muestran a la diosa con velo, o con una diadema y sosteniendo un cetro o un rayo, son numerosas. Una media luna y estrellas pueden verse en la frente de la Juno Caelestis. La Juno Sospita descrita por Cicerón blandía una jabalina (Museo del Vaticano). Sin embargo, el tipo romano por excelencia es el que aparece como una matrona con diversos objetos: pinzas, tijeras, un niño, etcétera.

Rubens, Tintoretto y el Veronés representaron a Juno en su producción pictórica. Famosa es la *Juno creando la Vía Láctea del Museo del Prado*, pintado por el primero.

Minerva

Su introducción en el panteón romano se atribuye a Numa. La hipótesis tradicional la hace prevenir de Etruria (Mnerva), aunque sus raíces parecen ser itálicas o más propiamente indoeuropeas.

Posteriormente se la identificó con la Atenea helénica y así presidió toda la actividad intelectual, en especial la de las escuelas. Formó parte de la tríada capitolina junto con Juno y Júpiter. Uno de los templos primitivos se le levantó en el monte Celio, colina donde según la tradición se había

Busto de Minerva, baños de Bath, Inglaterra.

establecido un contingente etrusco venido en auxilio de Rómulo. Templo denominado Minerva Capta (Minerva cautiva), ya que quizá la estatua de la diosa había sido capturada en Falerios cuando los romanos conquistaron aquella ciudad. Otro templo sobresaliente fue el del monte Aventino.

La Minerva romana, a diferencia de la Atenea helénica, tuvo como protección especial a los artesanos y al trabajo artesanal e industrial. En honor de la diosa se celebraron dos tipos de fiestas las grandes quincuatrías el 19 de marzo y las pequeñas quincuatrías en junio. En la primera fecha las escuelas permanecían cerradas. Se veneró también una Minerva Médica, diosa de la medicina, a la que se erigió un templo en el monte Esquilino. Cuando se la identifica con la Palas Atenea griega aparece casi siempre acompañada de una lechuza, su ave favorita.

Iconología

El tipo de Minerva latina difiere poco del de Atenea. Generalmente sus estatuas aparecen cubiertas con casco y con la égida o coraza maravillosa de Zeus hecha con la piel de la cabra Amaltea (museos de Roma, Nápoles, Londres y París). La Minerva del collar es una copia de la Atenea de Fidias. Se conserva también una Minerva alada (Ostia) y relieves del foro de Nerva. Como símbolo de la prudencia guerrera o alegoría de la sabiduría, Rubens la plasmó en la Vida de María de Médicis, del Louvre.

En castellano nos ha quedado la palabra *minerva* para significar el nombre de una pequeña imprenta y un dispositivo ortopédico para mantener en posición correcta la cabeza, lo cual no deja de estar relacionado, tanto en uno como en el otro caso, con el intelecto.

También se daba este nombre en muchas iglesias a la archicofradía del Santísimo Sacramento y a la función eucarística que se celebraba cada tercer domingo de mes. Derivaba de la iglesia romana de Santa Maria sopra Minerva, en la que fue instituida dicha archicofradía.

Marte

Divinidad propiamente itálica que fuera de Roma se denominaba *Mamers* y entre los etruscos *Maris* o *Mares*. Primitivamente, como tantos otros, era un dios agrario al que se le añadió la calidad de dios de la guerra, que se superpuso a la otra, al ser identificado con el dios helénico Ares. Tema puesto en discusión modernamente puesto que Marte, al que le estaba consagrado el mes de marzo, principio de la primavera, estación sin duda propiamente del desarrollo vegetativo, podía serlo también de la guerra, ya mucho antes del contacto con los griegos, puesto que las hostilidades se iniciaban al terminar el invierno y sus protagonistas eran sobre todo los jóvenes que, en la primavera de sus vidas, eran alistados en el ejército.

Marte guiaba a los jóvenes que emigraban de las ciudades sabinas con el fin de fundar nuevas residencias, cosa que muchas veces desembocaba en guerras promovidas por los habitantes primitivos. Todo ello se realizaba a semejanza de los enjambres de las colmenas que abandonan sus primeros asentamientos para buscar otros nuevos. Costumbre que se denominó *ver sacrum*, primavera sagrada. Con frecuencia un animal guiaba a los emigrantes en sus desplazamientos. Así el pico y el lobo, los dos consagrados a Marte. Recordemos la leyenda de la fundación de Roma y el papel desempeñado por la *loba capitolina*. Rómulo y Remo son tan hijos de la loba como hijos de Marte y de Rea Silvia.

Como dios de la naturaleza, de la vegetación y protector de la agricultura, a *Mars Silvanus* se le consagra el sacrificio de la *suovetaurilia* (un cerdo, una oveja y un toro). El dios poseía a su servicio un sacerdote o *flamen mayor*.

Dios de los combates, con el epíteto de *Mars Gradivus,* venerado en el campo de Marte romano, donde poseía un altar. Asimismo también lo era en la propia ciudad de Roma en los templos de *Mars Ultor* (el vengador) y en la Regia, levantados por Augusto en el Foro y el Capitolio.

Sus fiestas, procesiones y dedicación de las armas se iniciaban en el citado mes de marzo, con el que se abría el año romano, y volvían a realizarse en octubre cuando los tropas regresaban para invernar. Se consagraban a él los *sacerdotes salios*. En número de doce, fueron instituidos por Numa para proteger en el Palatino los doce escudos sagrados, uno de los cuales había caído del cielo de forma milagrosa. En el Quirinal existían también otros doce sacerdotes salios. Asimismo todos contaban con vírgenes salias que les asistían. El canto de estos sacerdotes, que al trasmitirse por tradición oral terminó siendo ininteligible para los romanos del Imperio, es uno de los documentos más antiguos conservado en lengua latina primitiva.

Obviamente muy difícil de comprender su sentido en la época actual.

La mayor parte de las leyendas de la literatura clásica en las que Marte interviene, son la versión romana de mitos griegos. Así por ejemplo, los amores del dios con Venus, la diosa del amor, que canta Lucrecio como comienzo de su famoso poema *De rerum Natura* (Sobre la Naturaleza), se basan en el idilio de Afrodita y Ares, tal como lo cuenta Homero. Lo propio sucede con la leyenda que presenta a Marte como hijo de Juno, como Ares lo fue de Hera. Una curiosa versión conservada por Ovidio, manifiesta que Juno engendró a Marte sin intervención de Júpiter y valiéndose de una flor mágica que poseía propiedades fecundantes suministrada por la diosa Flora.

Iconología

El tipo del Ares helénico sirve como modelo a las más antiguas representaciones de Marte: Marte Borghese (Roma y Louvre). Un tipo etrusco de bronce procedente de Todi (siglo III a.C.) se guarda en el Vaticano. La estética romana se inclinó por la imagen de un dios guerrero y barbado: Marte y Venus (Capitolio), cabeza de Marte de tiempos de Trajano (museo Barraco, Roma), grupo de Cómodo y Crispina con apariencia de Marte y Venus (Ostia). Este tipo pervive y llega hasta el renacimiento: arco Foscari del palacio de los Dux (Venecia), en la época moderna (Versalles) y en un lienzo de Velázquez (Madrid).

La leyenda que más ha inspirado a los artistas es la de sus amores con Venus: frescos de Pompeya, Piero di Cosimo (Berlín), Botticelli (Londres), el Veronés, L. Jordán (Louvre); también sobresale el *Combate entre Marte y Minerva* de El Veronés (Berlín) y el de David (Louvre); Marte ofreciendo las armas a Luis XIII, Rubens (Dulwich); Marte coronado por la Victoria escuchando a la Moderación, de Gros (techo del Louvre), etcétera.

Neptuno

Identificado con el Posidón griego. Su nombre es en la lengua latina de procedencia oscura. En sus comienzos era sólo la divinidad del elemento húmedo en general y de las aguas corrientes; su calidad de dios del mar la

Neptuno y su séquito. Dios del mar romano que englobó al Posidón o Poseidón griego. Mosaico de las Termas de Ostia.

adquirió al ser identificado con su homólogo helénico. No posee leyenda que le sea propia con anterioridad a su asimilación con Posidón. Su fiesta, *Neptunalia*, se celebraba el 23 de julio, es decir, por contraste en la estación más seca del año. En el siglo III a.C. se le levantó un templo en Roma en el valle del Circus Máximus, entre el Palatino y el Aventino, en donde en los primeros tiempos fluía un riachuelo de cierta importancia y en cuyo trayecto se levantaba la capilla del dios. En el 25 d.C. se le erigió otro en el Campo de Marte.

Iconología

El modelo no difiere del griego de Posidón. Generalmente se los representa barbados, sosteniendo un tridente, montados en un carro tirado por caballos marinos y escoltados por tritones. Entre las obras romanas sobresalen las estatuas de Nápoles y Roma (Pío Clementino, Vaticano, Letrán); el frontón etrusco del templo de Luna (Florencia); el bajorrelieve de las bodas de Neptuno y Anfítrite (Munich) procedente del templo de Neptuno en Roma (115 d.C.) y los frescos y mosaicos de Pompeya. A partir de la época renacentista Neptuno fue representado por Juan de Bolonia (fuente de Bolonia), Anmannati (fuente de la plaza Signora, Florencia), Sansovino (plaza de los Dux, Venecia). En Madrid, entre la Bolsa y el Museo del

Prado, se halla la famosa fuente de Neptuno cuyo diseño es de Ventura Rodríguez y ejecución en mármol blanco por Juan Pascual de Mena.

Entre los episodios plasmados en lienzo o murales cabe destacar: *El triunfo de Neptuno* (Poussin, Filadelfia; Le Brun, Louvre), *Neptuno y Anfítrite* (Tiziano, Blenheim; Carracci, bóveda de la galería Farnesio, Roma; Rubens, Berlín); Neptuno y Marte (Veronés, Venecia).

Apolo

En la lista de los doce dioses *Consenti* que hemos ofrecido anteriormente, en los que se produjo la asimilación grecolatina vemos que hay uno solo con el mismo nombre para las dos culturas: es *Apolo*. Podría decirse que en realidad sólo pertenece a la cultura helénica y no tiene contrapartida en la romana. En efecto, Apolo, dios del Peloponeso predórico, fue desconocido de los primeros romanos y sólo entró en relación con ellos al primer contacto entre latinos y griegos en Italia por medio de la colonia de Cumas, en la punta más septentrional de la bahía de Nápoles, famosa por ser la sede de una sibila o profetisa de Apolo. Más tarde, después de haber consultado los libros sibilinos, Roma, amenazada por Aníbal (siglo III a.C.), instituyó unos juegos en honor de Apolo (*Ludi Apollinares*).

La Sibila de Cumas

Era una doncella de origen troyano de noble cuna, dotada por Apolo del don de la profecía. Emigró a Cumas desde Eritrea en las costas de Asia Menor, cerca de Quíos. Apolo le había concedido el privilegio de vivir tantos años como granos de arena pudiese contener en su mano a condición de que nunca volviera a ver su país natal; pero un día recibió una carta de los eritreos sellada inconscientemente con tierra de su país. La Sibila murió en el acto. Asimismo se contaba que había solicitado a Apolo, que la amaba, una larga vida, pero olvidándose de pedirle también una constante juventud. Apolo le concedió el primer don, pero en cuanto al segundo, el dios le solicitó a cambio su virginidad, cosa que la Sibila rehusó. De esta forma, la Sibila fue envejeciendo cada vez más, hasta que arrugada y seca terminó pareciendo una cigarra. Entonces los de Cumas la enjaularon como si fuera un pájaro y la colgaron del templo de Apolo, su benefactor. Los chiquillos llegaban hasta ella y le preguntaban: «Sibila, ¿qué deseas?». «Deseo morir», respondía ella una y otra vez.

La influencia de la Sibila de Cumas en la historia de Roma se había iniciado en la época de Tarquino el Soberbio, cuando ofreció venderle sus famosos nueve libros (tal como ya hemos expuesto en la historia de este rey). Cuando el monarca, tras haberse negado por dos veces, compró los últimos tres que le quedaban y los depositó en el templo de Júpiter Capitolino, la Sibila desapareció. En realidad, quizás en su origen, los oficiantes o encargados de estas cuestiones, primero dos y después hasta diez, viajaban a Cumas para consultar al Oráculo los problemas que necesitaban su consejo y después realizaron una recopilación de fórmulas que fueron los *Libros Sibilinos*, guardados bajo la protección de Júpiter en el Capitolio.

Pasadizo del antro de la famosa Sibila de Cumas, vaticinadora del porvenir. Como su «hermana», la pitonisa griega de Delfos, se hallaba bajo la protección de Apolo. La palabra sibila pasó a significar cualquier mujer a la que se le atribuyeran dotes proféticas.

Los inicios de la influencia sibilina en los asuntos romanos parece que datan del año 493 a.C., cuando como consecuencia del hambre sucedida al ser atacada Roma por el etrusco Porsena (ver anteriormente la leyenda), el Oráculo ordenó la construcción de un templo a *Ceres, Liber* y *Libera*, al pie del Aventino. Es decir, un santuario a la tríada griega *Deméter* (Ceres), *Yaco* y *Perséfone* (Proserpina), siendo Yaco el hijo de Deméter o de Perséfone y, según otra versión, el marido de Deméter y a veces el propio Dionisios (Baco). La introducción de esta tríada es de trascendental importancia puesto que fueron conocidos así en Roma los famosos *misterios griegos eleusinos*, en los que los emperadores se sentían orgullosos de ser iniciados y de los que Yaco era el portador del hacha e iba frente de la solemne procesión conmemorativa.

Los libros sibilinos fueron consultados en caso de desgracia, de un prodigio o de un suceso extraordinario. Se componían de prescripciones religiosas, sacrificios expiatorios, introducción de un nuevo culto y de nuevos dioses: Hermes (*Mercurio*), Posidón (*Neptuno*), Asclepio (*Esculapio*), etc. Todo ello destinado a salvar cualquier situación imprevista. Magistrados especiales se hallaban encargados de la conservación, consulta e interpretación de los mismos.

Virgilio da a la Sibila de Cumas el papel de guía en su descenso a los Infiernos a su héroe, Eneas, en el famoso poema la Eneida.

El Apolo romano

Los mitos apolíneos, más propios de una Historia de las religiones, aparecieron con singular persistencia por su promesa salvadora a sus iniciados en los muros de la basílica de la Porta Maggiore, de Roma, al igual que en una incontable cantidad de sarcófagos romanos esculpidos. Octavio Augusto, fundador del sistema imperial, se puso personalmente bajo protección de Apolo. De esta forma atribuyó a su divina intervención la victoria de Actium sobre Marco Antonio y Cleopatra, el 31 a.C. La leyenda popular contaba que Atia, madre de Octavio, le concibió una noche pasada en el templo del dios por obra y gracia de éste. Augusto ordenó la erección de un templo a Apolo en el Palatino y le rindió especial culto. En su mayor parte fueron dedicados a Apolo los Juegos Seculares del 17 a.C. En ellos se entonó el Canto Secular de Horacio. En este himno Apolo y su hermana Artemis (Diana) son citadas como divinidades mediadoras entre el pueblo romano y Júpiter. Son ellas las que derraman todas las gracias enviadas por el padre de los dioses a sus fieles.

Iconología

Debido a que Apolo no posee un antecedente más o menos asimilado en Roma, su estatuaria es con más razón griega, simples copias de los grandes maestros: Praxíteles, Fidias o su escuela, etc. Así la podemos ver en el museo nacional de Roma, en el del Vaticano, Nápoles, etc. y fuera de Italia, en el Louvre, gliptoteca de Munich, británico y, naturalmente, en el de Atenas, los más helénicos. Todos representan un hermoso joven, apenas hombre, canon de la belleza masculina. El denominado *Apolo Belvedere* (siglo IV a.C.) del Vaticano influyó extraordinariamente en los artistas del Renacimiento y en especial en Miguel Ángel. Los distintos episodios de la leyenda singularmente helénica de Apolo son algunos de los temas mitológicos principales del arte renacentista y barroco. Así, por ejemplo, la composición escultórica *Apolo y la ninfa Dafne* realizada en mármol por Bernini (1622-24), de la galería Borghese (Roma), en la que el dios coge a su amada y cuando intenta hacerla suya, ésta, para preservar su virginidad, inicia su conversión en laurel. Desde entonces es la planta predilecta del dios.

Vulcano

Dios del fuego y la metalurgia, hijo de Júpiter y Juno. En un principio había sido una divinidad itálica muy antigua venerada por los etruscos y al parecer su nombre es también de éste origen, según algunos autores. Contaba con un sacerdote (flamen) y una fiesta, la *Vulcanalia*, que se celebraba el 23 de agosto. Se dice que fue el sabino Tito Tacio el que introdujo en Roma su culto después de las guerras entre ambos pueblos. Otra tradición afirma que fue Rómulo el que ordenó la construcción del primer santuario del dios y toda su área cercana recibió el nombre de Vulcanal. En las Vulcanalia se arrojaban al fuego pececitos y pequeños animales que representaban las vidas humanas puestas bajo la protección del dios. Tras las guerras púnicas *Vulcano*, que no poseía leyenda propia, se fue identificando cada vez más con el griego Hefesto (*Hefaistos*). Sus santuarios fueron con frecuencia construidos fuera del recinto urbano y en Roma hubo uno en el campo de Marte. Octavio Augusto, el 9 d.C., le consagró un altar en el Foro. Su culto adquirió relevante importancia en Ostia, puerto primitivo de Roma hacia la desembocadura del Tíber. Al ser considerado como divinidad ígnea telúrica (del fuego interior de la tierra), de su nombre derivó la palabra Volcán, Vulcanología (Ciencia de los volcanes), etc. En algunas versiones se presenta a veces a Vulcano como padre de Caco, muerto por Hércules durante su estancia en Italia, de Céculo e incluso del rey legendario Servio Tulio.

Iconología

Primero fue representado como un atleta desnudo y todavía joven; pero pronto fue el tradicional herrero barbudo y cojo (fiel a la leyenda griega sobre Hefesto), vestido con una túnica corta, tocado con gorro de lana y sosteniendo un martillo y las tenazas en las manos; a veces se le representa forjando los rayos de Júpiter como en una pintura de Pompeya y un mosaico de Herculano o las armas de Aquiles; precipitado del cielo por Júpiter (acción por la que según la leyenda quedó cojo), bajorrelieve de Berlín, o sostenido ebrio por Hércules (cerámica); igualmente se halla representado en su famosa fragua, recibiendo a su esposa Venus o sorprendiéndola en flagrante adulterio con Marte. Sobresale en pintura el famoso cuadro sobre la fragua de Vulcano de Velázquez (Museo del Prado). Representa el momento en que Apolo le revela la liviandad de su bella esposa.

Mercurio

En latín *Mercurius*, dios romano del comercio. Identificado con el *Hermes* griego. En su nombre latino se encuentra la raíz merx, significando *mercancía*. Ademas de los comerciantes es el protector de los viajeros. Hijo de Júpiter, tras su helenización se le representa como mensajero de su divino padre y, hasta de forma satírica, como compañero de las múltiples aventuras amorosas del padre de los dioses.

El primer templo se le edificó en el valle del Circo Máximo, en la falda del Aventino, hacia comienzos del siglo V a.C. Construido fuera del recinto sagrado de la ciudad, parece indicar un origen extranjero del dios o quizá de su culto.

Como Hermes, sus atributos son el sombrero provisto de dos alas (*petaso*), el caduceo en la mano (vara de laurel o de olivo con dos serpientes enroscadas y dos alitas) y sandalias también aladas; por último, lleva también una bolsa, símbolo de las ganancias que proporciona el comercio.

Al igual que la mayoría de las divinidades romanas, Mercurio carece también de leyenda propia y sólo es una simple traducción de Hermes cuando es presentado como padre de Evandro. Se le considera también padre de los lares, ya que éstos como Mercurio-Hermes son también dioses de las encrucijadas de los caminos, descanso para los viajeros.

Iconología

Las representaciones del Mercurio romano se inspiran en la del Hermes griego. En la época Moderna también fue muy representado: Mercurio de Giambologna (Florencia, Bargello); fuente de Mercurio por A. de Vries en Augsburgo; *Mercurio en un caballo alado* por Coysevox (Tullerías, París); *Mercurio poniéndose los talares* por Pigalle y por Rude (Louvre). En pintura uno de los temas más divulgados del dios es en su aventura con Argos: Rubens (Prado, Dresde); Teniers el Viejo (Viena); Velázquez (Prado); J. A. Both (Munich); Jordaens (Dijon); Mercurio aparece también en el *Rapto de Psique,* por Rafael (Farnesio); *Educación del amor,* por Correggio (Chalôns-sur-Marne); *La primavera*, por Botticelli (Florencia), etcétera.

Diana

Divinidad itálica que los romanos identificaron muy pronto con la diosa griega Artemis o Artemisa (quizá ya en el siglo VI a.C.) por contacto con las colonias helénicas de la Italia del sur, singularmente Cumas. Sus primeros santuarios en suelo itálico fueron los de Capua. Posiblemente una Diana de origen sabino denominada *Tifatina*, por referirse al monte Tifata en donde era objeto de culto, cerca de Capua. Esta advocación pronto fue eclipsada por la Diana *Aricina*, Diana *Nemorensis* o Diana de *Nemi* (por hallarse su santuario a orillas del lago Nemi, cerca de Roma). La tradición conserva que en su época primitiva sólo se obtenía el sacerdocio de la diosa después de haber roto la rama de cierto árbol y de matar el sacerdote en funciones.

Se creía que la Diana de Nemi era la Artemis de Táuride que el héroe griego Orestes había llevado a Italia, lo cual explicaría el carácter violento de sus ritos, pues la Diana de Táuride gustaba de los sacrificios humanos, como cuenta la leyenda helénica. Así no es de extrañar la extraña forma con que se podía suceder a su sacerdote, denominado Rex *Nemorensis* (Rey de los Bosques).

Otra leyenda relataba que Artemis había acogido a Hipólito, hijo del héroe ateniense Teseo, después de su desgraciada muerte provocada por la pasión de su liviana madrastra Fedra y de su consiguiente resurrección gracias al médico Asclepio (*Esculapio*). Artemis, transformada ya en Diana, lo había ocultado en Italia, precisamente en el santuario de Aricia, haciéndole su sacerdote bajo el nombre de Virbio, es decir, «el que ha vivido dos veces». Esta leyenda quizá posea su origen en el tabú que existía en el culto de la Diana de Nemi, que prohibía la entrada en el santuario de caballos. Como este animal había sido el causante directo de la muerte de Hipólito, explicaba perfectamente la inquina contra los animales «culpables».

En Capua existía también la leyenda de una cierva consagrada a Diana (animal preferido de la diosa) que poseía una milagrosa longevidad y cuya suerte se ligaba a la conservación de la ciudad.

Bajo la denominación de *Lucina*, Diana presidía los dolores del parto. El culto a Diana poseyó durante algún tiempo relevante importancia política. Los miembros de la Confederación Latina tenían sus reuniones en el templo romano de la diosa eregido en el monte Aventino, según la tradición, por Servio Tulio y reconstruido durante los primeros años imperiales.

Iconología

Las imágenes de Diana de la época antigua son muy numerosas. Sobresale la *Diana de Efeso* (museos del Vaticano y Dresde), protectora de la fecundidad, que simbolizan los numerosos pechos con los que se presenta la diosa. La Diana de Versalles (Louvre), la Artemis pompeyana. La de Lamaca (Viena) y la de Ostia, con réplicas en Dresde, Munich, Estocolmo, Londres, Roma, etcétera.

A partir del siglo XVI su leyenda inspiró a los artistas. Así la *Diana en su carro* por Correggio (frescos del convento de San Pablo de Parma) y por Gabriel Blanchard (Versalles, salón de Diana); Rubens (Prado), Claudio de Lorena (Nápoles), P. Brill (Louvre), J. Fyt (Viena), etcétera.

El *Baño de Diana* inspiró los pinceles de Clouet (Ruán), Carracci (Bruselas), Cambiaso (Génova), Albani (Louvre), Watteau, Boucher (Louvre); *Diana sorprendida por Acteón* es obra de Tiziano (Prado); Correggio (villa San Vitale, junto a Parma); *Diana descubriendo el embarazo de la ninfa Calisto*, por Tiziano (Londres y Viena); Carracci (Louvre); *Diana y Venus,* por Primaticcio (Aix-en-Provence); *Diana y Pan,* por Lanfranco (Louvre); *Diana e Indimión,* por Carracci (galería Farnesio, Roma); Blanchard (Versalles), J. B. Van Loo (Louvre).

Las historias de la diosa y su temática pasaron también a los dibujos, grabados, porcelanas, tapices, motivos de estuco, etcétera.

Venus

Divinidad itálica muy antigua, protectora de los huertos. Poseía un santuario en Ardea, antes de la fundación de Roma. En Roma se le erigieron dos templos: el primero en el bosque sagrado de Libitina y un segundo cerca del Circo Máximo. Por expreso deseo de los Libros Sibilinos, a fines del siglo III a.C. fue asociada con el dios Marte, con el que llevó a cabo la tarea de la fecundación universal. Fue entonces cuando a través de Sicilia fue asimilada a la Afrodita helénica con todas sus atribuciones. El Eros helenístico, hijo de la diosa Afrodita se convierte en Cupido. A fines del siglo II a.C. se le consagró en Roma un templo con el epíteto de *Verticordia*, con el significado de la que vuelve o purifica los corazones, advocación que transformó el amor erótico en un sentimiento casto.

En la última época republicana pasó a ser protectora de los estadistas. Así Sula y Pompeyo atribuyeron su buena suerte política a las Venus *Felix* y *Victrix*. Estas advocaciones fueron pronto sustituidas por el culto oficial a la *Venus Genitrix*, a la que César, a través del héroe troyano Eneas, consideró como antepasada de su linaje, la gens Julia, así como protectora del Estado. También las asistentas a los partos decidieron colocarse bajo la protección de la diosa. De esta forma se estableció un vínculo que duró mucho tiempo, puesto que el *templum Urbis* que se erigió durante la época de Adriano (siglo II d.C.) todavía asociaba a Venus con la ciudad Eterna.

Iconología

Como en tantos otros casos, los artistas romanos buscaron su inspiración sobre todo en modelos griegos de Afrodita, en especial en las obras de Praxíteles, el creador más acabado del canon de belleza escultórico de la diosa, así como en los modelos de sus sucesores. Así se conocen con el apelativo único de «Venus» las obras griegas y sus réplicas o copias romanas: *Venus Anadiomena* («la que surge del mar», aludiendo a su nacimiento) hallada en Cirene (museo de las Termas, Roma); *Venus Calípiga* («la de las hermosas nalgas»), museo de Nápoles; *Venus de Arlés* (Louvre); *Venus de Cnido*, obra del propio Praxíteles (museo Vaticano); Venus de Medicis (Uffizi, Florencia); *Venus de Milo* (helenística), descubierta en 1828 en Milo, la más célebre de la «época clásica» (museo del Louvre)... Su forma de representarla ha sido completamente desnuda o con escasa vestimenta; de pie, saliendo de las aguas o del baño, sobre un carro tirado por cisnes o por palomas, sustentada encima de una tortuga o de una concha. Durante la «púdica» Edad media, la figura de Venus no fue representada.

La Venus Capitolina, en el Museu Capitolino de Roma.

Al llegar el Renacimiento, la diosa vuelve a ser fuente de inspiración de los artistas. En pintura Botticelli (Uffizi, Florencia) consiguió uno de los modelos más acabados y famosos: *El nacimiento de Venus*. A principios del siglo XVI repitió la experiencia en Alemania L. Cranach (Leningrado, Frankfurt del Main, Berlín). También fue uno de los temas más repetidos por la pintura veneciana del siglo XVI y sus grandes maestros: Giorgione (Dresde), Tiziano (Venus de Urbino, Uffizi; *Venus recreándose en la música*, Prado). Temática continuada en el barroco: Velázquez, *Venus del espejo* (Galería Nacional, Londres).

En escultura obras de Giambologna (jardines Boboli, Florencia), Coysevox (Louvre), Marsy (Versalles), Pigalle (Potsdam), Pajou (Viena), Canova (Palacio Pitti, Florencia; Munich, Galería Borghese), etcétera.

Los romanos, con sus diversos tipos de Venus, idealizaron el modelo mediterráneo de mujer. Éste fue el que nos llegó hasta Hispania (España antigua) procedente de Roma, y los ejemplares que se han conservado dan cuenta de que los modelos tuvieron continuadores en nuestro país. Véase como ejemplo la hermosa Venus de Itálica, la Venus de Ampurias y la no tan conocida, pero de singular atractivo, la Venus de Badalona, la antigua Betulo romana, situada en la costa catalana no lejos de Barcino (Barcelona). Se trata de una escultura de mármol de pequeño tamaño: 28 cm de altura, a la que por desgracia le faltan la cabeza y los brazos, pero de una belleza destacable. Hasta es posible que el modelo fuera una de aquellas hermosas jóvenes badalonesas, al parecer famosas por su atractivo, que han sabido conservar hasta nuestra época la imagen de la joven diosa surgida de la espuma del mar, que los romanos tuvieron por suyo: el Mediterráneo o Mare Nostrum.

Vesta

Diosa romana de origen muy primitivo, identificada con la Hestia griega, protegía el fuego del hogar doméstico. Probablemente su culto procedía de *Lavinium*, colocado bajo dependencia directa del Sumo Pontífice y asistido por las Vestales, sobre las que poseía una especie de tutela paterna. El carácter arcaico del culto, que parece probarse por la forma circular de su templo fuera de la ciudad por él fundada, pone confusión en la leyenda. Asimismo el animal sagrado de la diosa era el asno, animal mediterráneo por antonomasia, mientras que el caballo es plenamente indoeuropeo, de lo cual puede deducirse que Vesta era venerada antes de la entrada de los itálicos o italiotas (indoeu-ropeos) en la península en la que se originaría el Lacio.

Las Vestales, vírgenes consagradas a Vesta, constituían una congregación nacida según la tradición con la propia ciudad de Roma. Primero fueron cuatro y con el tiempo seis o siete. Eran elegidas a suerte por el Sumo Pontífice entre las hijas de las familias patricias. Ingresaban en el futuro servicio del templo de los seis a los diez años, recibían una esmerada educación

Templo de las Vestales en el Foro Romano.

y entre sus deberes contaban ciertas prácticas de austeridad y la más estricta observancia de la castidad. Se ocupaban de mantener viva la llama del fuego sagrado ante la imagen de Vesta. Si alguna cometía una falta grave contra sus obligaciones podía ser azotada y tras ello quemada o enterrada viva.

Residían en una casa cercana al templo de la diosa, en el foro, y tomaban parte en numerosas ceremonias religiosas. Gozaban de gran prestigio, poseían asientos especiales reservados en el teatro y su residencia se usaba como depositaria de los testamentos. Se las reconocía por su vestimenta: una túnica gris y blanca y un manto de púrpura. Después de los treinta años las vestales podían retirarse e incluso contraer matrimonio, aunque pocas lo hacían.

La festividad de Vesta tenía lugar a mitad de junio (Vestalia). En ese día el templo efectuaba su limpieza anual con un agua no sacada de las conducciones públicas normales, sino de una fuente especial que poseía carácter sagrado. Se coronaba a los asnos de flores y no se les hacía trabajar. Para explicar la predilección por el asno se relataba una leyenda tardía según la cual la diosa, casta entre las castas, había salido indemne de un intento de violación por Príapo gracias a la intervención del humilde animal.

El templo de Vesta y el fuego sagrado mantenido en él simbolizaba el fuego de cada uno de los hogares que debía arder al cuidado del padre de familia que actuaba de sacerdote en cada uno de ellos. Fuego = *focus* en latín, significa hogar. Sin embargo, como el padre de familia marchaba a sus ocupaciones fuera de casa, delegaba en su esposa (*mater familias*) dicho cuidado, a semejanza del Sumo Pontífice en las Vestales. Vesta fue así inmensamente venerable y pertenecía al círculo íntimo de los doce dioses mayores.

Iconología

El escultor griego Escopas esculpió una estatua de Hestia, estatua que Tiberio llevó a Roma. Su trasposición romana Vesta fue generalmente representada con velo, llevando en la mano el cetro o *pátera*: *Vesta Giustiniani* del Vaticano.

El cuidado femenino del hogar protegido por la diosa pervive hasta en los cuentos o leyendas como la Cenicienta.

Ceres

Diosa de las cosechas y de la agricultura, fue pronto asimilada a la diosa griega Deméter. La palabra Ceres se relaciona con una raíz que posee el significado de *brotar*. Originaria de la rica región agrícola itálica de la Campania, donde los cultos rurales adquirieron gran importancia, el *numen* de la fecundidad agraria consiguió muy pronto concretarse en una divinidad personificada colocando bajo su protección, singularmente, las cosechas. Tras el hambre —ya relatada— ocurrida a comienzos del siglo V a.C., como consecuencia del asedio de Roma por el monarca etrusco Porsena, los *Libros Sibilinos* ordenaron erigir un templo a la Deméter griega en el Aventino. Este nuevo culto terminó por borrar la huella de la primitiva Ceres. La diosa romana celebraba sus fiestas, las *Cerealias*, del 12 al 19 de abril, en pleno rebrotar de la primavera. Se inauguraban con una solemne y jubilosa procesión en la que todos los participantes iban vestidos de blanco.

La recuperación de Proserpina (la griega Perséfone), hija de Ceres, daba lugar a la celebración de otra fiesta en agosto, durante la cual las matronas de blanco ofrecían las primicias de los frutos y las verduras. Otras ofrendas simbólicas hechas a Ceres eran los panales de miel. Se le sacrificaban el cerdo y el ternero.

Iconología

Generalmente se la representa con el aspecto de una augusta matrona, montada en un carro tirado por leones y con una corona de espigas entrelazadas en la cabeza (recordemos que la palabra *cereales* deriva del nombre de la diosa). A veces sostiene en una mano un ramo de amapolas y en la otra una antorcha para alumbrar el camino en busca de su amada hija. A su lado se colocaba una caja cerrada, la *cesta mística.*

Saturno

Una de las más antiguas divinidades itálicas. Su nombre figuraba ya en los cantos de la primitiva congregación de los Salios y las fiestas en su honor, las famosas Saturnalias se remontaban a épocas remotísimas. Era el dios de la siembra y de la agricultura en general. La leyenda relataba que había llegado a Italia procedente de Grecia en los albores de la humanidad de los tiempos, cuando Júpiter le destronó por haberse hecho tan odioso como su padre Urano, ya que como rey del universo, casado con Rea, los hijos que iba teniendo los iba devorando para impedir que se sublevaran contra él (cosa que Saturno había hecho con su padre, previa mutilación de las partes engendradoras para que no tuviera descendencia). Júpiter, hijo suyo, se pudo salvar y lo echó del cielo.

Saturno encontró excelente acogida en el Lacio italiano, en donde su rey Jano, también divinizado, le atendió cumplidamente en el Janículo. Establecido después en la otra orilla del Tíber, al pie de la colina del Capitolio, fundó una ciudad que denominó Saturnia. Arrepentido de tiempos pasados y como premio a los habitantes que lo había resguardado de las iras de Júpiter (la religión del Lacio deriva su nombre de *latuerat* = ocultarse), su reinado en sus nuevas posesiones fue extraordinariamente próspero y conocido como *La Edad de Oro*, época feliz que recuerda la del paraíso terrenal bíblico y al que en tiempos de Octavio Augusto se creyó haber vuelto.

Saturno prosiguió la obra civilizadora de Jano y enseñó a los hombres, en especial, los secretos de la agricultura. Según la leyenda, la población italiana de aquella remotísima época eran los *aborígenes*, que recibieron del dios sus primeras leyes. Según Varrón, el lugar que ocupó Saturnia sería después el recinto de la propia Roma. En el Foro se le erigió un templo que fue reconstruido en época de Augusto y del emperador Diocleciano. En su interior se guardó el tesoro del estado. De este templo se conservan todavía en pie en Roma ocho columnas.

Las Saturnalia

Antiquísimas fiestas en honor de Saturno, con ellas terminaba el mes de diciembre y el año. En aquellos días Roma era invadida de una alegría desenfrenada, recuerdo de la perdida Edad de Oro vivida bajo el reinado de Saturno. Durante las Saturnalia se suprimían las diferencias sociales, todos eran iguales y hermanos. Se cerraban los tribunales, las escuelas, las tiendas. La gente se abandonaba a toda clase de bromas, incluso las más licenciosas; todo era permitido a todos en aquel período. El primer día después de celebrar un sacrificio en honor del dios, las fiestas se consideraban inaguradas. Durante los seis días restantes se organizaban diversiones populares de todo tipo, entre las que destacaban las loterías y juegos de azar, que gozaban de gran aceptación.

El día más sobresaliente de las fiestas era el diecinueve, porque se dedicaba de manera especial a *Opis* (Rea), diosa de la abundancia y esposa de Saturno. En aquel día incluso los esclavos participaban de la fiesta y, gozando de completa libertad, se vestían con los trajes de sus amos que debían servirles incluso en la mesa. Podían comer y beber cuando desearan. Los romanos ricos, durante estos días, acostumbraban a tener la mesa completamente llena para cualquiera que se presentara en su casa. Tenían además lugar los mejores juegos en el Circo, a los que asistía gratuitamente todo el pueblo. Las Saturnalia constituían pues una fiesta de alegría para los romanos y en especial para las clases más necesitadas. Con el tiempo degeneraron en las orgías más desenfrenadas. Dada la época del año en que se celebraban el cristianismo, con el fin de santificarlas, colocó las fiestas de Navidad durante esa época como recuerdo del nacimiento de Cristo.

En la época imperial, con el desarrollo de la romanización en África, Saturno no sólo encarnó al Crono helénico, sino también en los países de origen fenicio y cartaginés al gran dios semítico Baal.

Iconología

Se representa a Saturno como un hombre viejo, desnudo, a veces con una pequeña hoz en una mano y un reloj de arena en la otra, a la manera del Crono griego. También se le representa devorando a sus hijos: pinturas por Rubens y Goya en el museo del Prado. En la iconografía de las estaciones personifica el invierno.

La Edad de Oro

En Roma la anhelada «Edad de Oro» de todos los pueblos se identificó con la época del reinado de Saturno en Italia, que por entonces se conocía como *Ausonia*. Los dioses convivían con los mortales. Las puertas no existían, puesto que nadie tenía nada que ocultar y el robo no existía. Los hombres se alimentaban solamente de legumbres y fruta, porque nadie se había planteado el matar. Entonces Saturno enseñó los rudimentos de la civilización y a manejar la hoz, así como a servirse mejor de la fertilidad espontánea del suelo. Era una época en que la lana tomaba por sí misma vivos colores en el lomo de corderos y carneros, las zarzas ofrecían deliciosos frutos y la tierra gozaba de una eterna primavera. Los hombres no conocían las penalidades ni la miseria ni la vejez, siendo siempre jóvenes. Cuando les llegaba la hora de la muerte se sumían en un dulce sueño eterno. Desgraciadamente este paraíso se perdió y los romanos gustaban rememorarlo con la veneración al viejo Saturno, al que habían transformado en un dios civilizador y bienhechor, a semejanza de la versión del Crono griego cantada en *Los trabajos y los días* por el poeta Hesíodo, hacia el siglo VII a.C.

Jano

En latín *Ianus*. Se trata de uno de los dioses más antiguos de Roma sin equivalencia en Grecia. Su leyenda se halla vinculada a la ciudad del Tíber. Según ella, Jano había reinado allí en tiempos fabulosos, compartiendo el trono con un tal Cameses. Se contaba que Jano había fundado entonces una ciudad en la cima de una de las colinas que denominó Janículo, derivándola de su nombre. De su esposa Camise o Camasena tuvo varios hijos, siendo el más renombrado Tíber, que después daría nombre al río que bañaba aquel escenario. Al morir Cameses, Jano reinó solo en el Lacio y fue entonces cuando acogería a Saturno, expulsado de Grecia por su hijo Júpiter, practicando la hospitalidad tal como habían hecho con él.

Dentro del feliz período de la *Edad de Oro* que hemos relatado, Jano había enseñado a sus súbditos las artes de la navegación y la utilización de la moneda, tal como muestran las primitivas monedas conservadas del lugar, en las que acuñadas en bronce en el anverso se halla la efigie de Jano y en el reverso una proa de un barco. Jano había contribuido junto con Saturno a civilizar a los aborígenes o pueblos más antiguos del Lacio, según la leyenda.

Tras su muerte fue divinizado. Cierto día, los sabinos habían atacado Roma y ya se hallaban a punto de asaltar el recinto interior de la ciudad previa escalada de sus murallas, cuando Jano acudió en ayuda de sus defensores, haciendo brotar ante los sabinos un surtidor de agua caliente. Sorprendido, el ejército de Tito Tacio se puso en vergonzosa fuga. A partir de entonces y para recordar tal prodigio, la puerta del templo del dios Jano permaneció siempre abierta en tiempos de guerra, a fin de facilitar la ayuda del dios durante las hostilidades, mientras que se cerraba en cuanto se estipulaba la paz. Su propio nombre de Ianus, femenino *ianua*, significa en latín puerta, por eso, le estaban consagradas todas las puertas y abría los meses del año: Ianus = Ianuarius = enero. Se tenía a *Cardea*, su compañera, como diosa de los goznes. Jano era considerado la misma puerta y desde ellas podía presidir las entradas y salidas de todos los edificios de Roma.

Sin embargo, para algunos mitógrafos en su origen se le había considerado la versión masculina de Diana, la Luna, siendo entonces una divinidad celeste. Pero cuando el culto al Sol se difundió bajo la influencia del griego *Helio*, los atributos de Jano pasaron a concretarse en delimitar el principio y el fin de la jornada y al generalizar su protección al comienzo y al término de todas las cosas. ¿Qué mejor que materializar al dios con una puerta, entrada o salida, comienzo o fin de cualquier recinto?

Se contaba también, según otras versiones, que Jano se había casado con la ninfa *Yuturna* (Juturna), cuyo santuario y fuente se encontraban cerca del templo del dios en el Foro Romano. De esta unión habría nacido el dios Fons o Fontes, protector de las fuentes.

Además de su templo del Foro, Jano poseía numerosos santuarios situados en especial en las encrucijadas, y además de consagrársele el primer mes del año se ponía bajo su protección el primer día de cada mes. En su honor se erigieron algunos arcos, sobresaliendo el de *Jano Cuadrifronte*, bastante bien conservado. Fue denominado también *Putucius* y *Clusius*, derivados de los verbos latinos que significan abrir y cerrar y, relacionado con las puertas, *ianua*, se conservó el nombre de *iani*, arcos que forman cualquier bóveda que recordaba la celeste.

Iconología, fiestas y culto

Como todas las puertas y pasajes permiten avanzar en direcciones opuestas, surgió la imagen de Jano, el dios protector, representado con dos caras o *bifronte*. Sus fiestas más sonadas eran las *Agonalía*, que tenían lugar el 9 de enero. En ese día, los umbrales de las casas se adornaban fastuosamente con coronas de flores y ramas de laurel y la gente solía visitarse mutuamente con felicitaciones y regalos. Los otros primeros meses del año se realizaban también sacrificios en honor de Jano y ofrendas de vino e incienso en los hogares. La primera hora del día le estaba también consagrada y se le invocaba para obtener una jornada favorable. Antes de iniciar cualquier actividad, como un viaje, un negocio o un sacrificio, se imploraba su protección y las ceremonias propiciatorias eran muy solemnes, cuando se trataba de alguna expedición militar.

Las caras con las que se representaba el dios se esculpían con frecuencia barbudas y excepcionalmente una con barba y otra sin ella. Sus atributos eran el bastón y la llave.

Quirino

Dios que dio nombre a la colina del *Quirinal*, al parecer de origen sabino, puesto que en aquella colina se estableció dicho pueblo o bien, porque derive su nombre de la ciudad sabina de Cures, o bien finalmente, porque se le relacione con curis, nombre sabino de la lanza. Junto con Júpiter y Marte constituyó una segunda tríada de divinidades en la que, por orden jerárquico, ocupó el último lugar. Quirino es un *Marte tranquilo*, un dios de la paz en la ciudad de Roma. Relacionados con él, los ciudadanos civiles se denominaron *Quirites*. Desprovisto pues del carácter militar de Marte, algunas de las funciones desempeñadas por el *flamen* del dios eran de tipo agrario.

Durante una fiesta ofrendada a Quirino, una joven de noble estirpe bailaba con las demás para honrar al dios. De pronto escuchó la llamada divina, penetró en el santuario y el milagro se produjo, quedando embarazada. El hijo que de ella nació, creció de manera rápida y alcanzó pronto una talla extraordinaria. Se le puso por nombre *Modio Fabidio*, distinguiéndose por sus numerosas hazañas guerreras. Cansado, deseó fundar una ciudad y procurarse un reino. Seguido por un grupo de fieles, inició su marcha hasta que ordenó detenerse en el lugar escogido para la fundación de *Cures*, denominada así de curis, lanza en sabino, y también recordando el nombre de su padre, *Quirino*.

Fallecido Rómulo y tras su apoteosis (divinización), se apareció al noble albano Julio Próculo, ordenándole que se le honrase con el nombre de Quirino y se le erigiese un templo en el Quirinal. Paralelamente *Hersilia*, esposa de Rómulo, adoptó el nombre de *Hora Quirini*.

Término

En latín *Terminus*. Antigua divinidad romana que poseía una capilla eregida en su honor en el interior del mismísimo templo de Júpiter. La tradición atribuye al sabino Tito Tacio la introducción de la divinidad entre los romanos, a semejanza de la mayoría de los dioses agrícolas. Término, linde, límite, se identifica con los confines de las propiedades campesinas. Se le tenía por esencialmente inmutable. La leyenda recordaba que cuando se erigió el templo de Júpiter, Óptimo Máximo, en el Capitolio el resto de dioses, que tenían sus capillas en el emplazamiento elegido para el nuevo templo, se avinieron a retirarse sin chistar para dar paso a «su jefe», pero Término no quiso y no hubo más remedio que incluir su santuario dentro del recinto sagrado consagrado al «padre de los dioses». Sin embargo, como Término tenía que levantarse necesariamente al cielo raso, se practicó una abertura en el techo para su exclusivo uso.

Además de marcar el límite de las propiedades, Término procuraba la armonía entre los vecinos, función vital en una comunidad agrícola como la de la Roma primitiva. Finalmente, protegía los campos y casas de labor contra ladrones y malintencionados. Por ello, se le consagra la piedra que marcaba los confines entre una y otra parcela conocida precisamente como Término. Se untaba y se engalanaba la piedra con gran solemnidad; a continuación se bajaba la piedra a un agujero que ya había sido consagrado con sangre de una víctima, vino y otras ofrendas. Su fiesta anual tenía lugar el 23 de febrero, la *Terminalia*, ya que en el calendario primitivo era considerada como el último día o terminal del año. Durante ella se sacrificaba el término, salpicándolo con la sangre del sacrificio. De esta forma se revivificaba la divinidad protectora para otro año, asegurando la propiedad contra cualquier agresor. Sin embargo, el culto tenía gran difusión durante todo el año, pues cualquier cambio de límites o mutación de la propiedad o del propietario debía verificarse bajo la protección del dios.

Tiberino

Dios protector del Tíber, o el Tíber mismo, río al que entre otras causas debe Roma su existencia. Según la leyenda, su personificación fue el décimo rey de Albalonga, décimo descendiente de Eneas. Esposo de la profetisa Manto, de la que engendró a Octo, fundador de la ciudad de Mantua en honor de su madre. Tiberino habría muerto combatiendo junto al río que primitivamente se denominaba Álbula y que a consecuencia de este hecho, por intervención divina, habría cambiado su nombre por el de Tíber, al confiarle los dioses su eterna protección.

Otra tradición habla de Tiberino como héroe epónimo o que dio nombre al río. De origen divino, no sería descendiente de Eneas, sino del dios Jano y de Camasena, una ninfa del Lacio. Al morir accidentalmente, una tercera versión relata que arrojada Rea Silvia al Tíber por haber perdido su virginidad como consecuencia de su entrega a Marte mientras dormía,

Tiberino, dios del río, la salvó, haciéndola su esposa. Otros identifican esta divinidad fluvial con *Volturnus* que poseía un *flamen* o sacerdote y una fiesta. El 27 de agosto se celebraban en su honor en Roma las fiestas *Volturnalias*, aunque al parecer Volturno era en su origen un dios también fluvial, pero de la Campania, padre de la ninfa Yuturna o Juturna.

Vertumno

Divinidad de raigambre italiana, aunque probablemente de origen etrusco. Poseía una estatua en Roma en el barrio etrusco, a la entrada del Foro. Como tantos dioses itálicos primitivos, se caracteriza por su protección a la naturaleza como dios agreste. Su nombre deriva del latín *vertere* = cambiar, mudar. Con tal cualidad de mudar o adoptar las formas que quisiera, Vertumno era el dios de los cambios de las estaciones que aseguraba la continuidad y la regularidad de los ciclos anuales de la naturaleza y por ende de los hombres. La estación preferida y que le estaba consagrada era el otoño, rebosante sus vides de uvas, sus árboles cargados de fruta y sus colores calmados.

Según una leyenda, Vertumno se enamoró de Pomona, diosa de los jardines y los árboles frutales. El relato conservado por Ovidio nos narra que Pomona había rechazado las pretensiones de numerosos dioses. También Vertumno recibió previamente «calabazas», pero como poseía el poder ilimitado de transformarse, se presentó ante su amada bajo todas las formas, como cazador y como pastor, como podador, escardador, segador, sembrador... pero el despecho de Pomona continuaba. Finalmente, Vertumno adoptó la figura de una anciana y fue recibido por la esquiva diosa en su huerto sin sospechar la estratagema. La anciana cultivó la vanidad de Pomona, elogiando lo bien cuidadas que tenía plantas, flores y frutos. Hecho esto, comenzó a regañarla por su altivez, orgullo y porque con su actitud a nadie beneficiaba su trabajo. Pomona se turbó y comenzó a reflexionar, fue entonces cuando Vertumno se transformó en un apuesto muchacho y consiguió por fin el amor de la diosa, casándose a continuación.

Iconología y culto

Su culto fue uno de los más importantes. Se representaba con una azada de jardinero en la mano y el regazo lleno de frutos. Un templo eregido en la falda del Aventino se engalanaba para la fiesta del dios el 12 de agosto de cada año, ofreciéndose en él las primicias de la cosecha.

Pomona

Ya nos hemos referido a ella al hablar de Vertumno. Se trata de una ninfa romana que velaba sobre los frutos. Le estaba consagrado el bosque del *Pomonal*, situado en el camino entre Roma y Ostia. Su culto se hallaba a cargo de un sacerdote o *flamen*. Si Ovidio la presentó como esposa de Vertumno, otros poetas lo hicieron como esposa del rey legendario Pico.

Pico

Legendario rey del Lacio. Sus súbditos eran los ya mencionados *aborígenes*, primeros pobladores del país, y se tenía por abuelo del rey Latino y padre de Fauno. Se decía que su padre había sido un tal Esterces o Estérculo, nombre que recuerda al de «estiércol», pero que los mitógrafos, para ennoblecerlo, habían identificado con el propio Saturno, no en vano el estiércol en indispensable para la fructificación de la tierra. Excelente adivino, Pico poseía en su casa un pájaro del mismo nombre que tenía el don de la profecía. Según algunas versiones, el pájaro era el propio rey metamorfoseado por la maga Circe, por haber rehusado su amor y preferido continuar siendo fiel a su esposa Pomona o Canens, ninfa que para muchos era hija del propio Jano.

El pico es en la mitología romana el pájaro profeta por excelencia. Consagrado a Marte, protegió a Rómulo y Remo y contribuyó a su salvación junto con la loba capitolina.

Fors y Fortuna

En su origen constituyen el propio masculino y femenino respectivamente de la Casualidad, hasta el punto de confundirse en una sola divinidad, y puede considerarse en forma global que la fortuna es producto del azar o la casualidad.

En la época clásica, la Fortuna gozó de mayor predicamento que su oponente Fors, especialmente al ser asimilada a la Tike o Tije griega. Su culto en Roma parece haberse introducido, según la tradición, por el rey Servio Tulio, favorito de la diosa más que ninguno. Se decía incluso que había sido su amante, a pesar de la cualidad mortal del monarca, por eso en el templo cada emperador poseyó una Fortuna particular o diferente. Existió también una *Fortuna Redux,* pública; *Huiusce Diei*, la fortuna de cada día, etcétera.

Cada 24 de junio se consagraba una gran multitud en su santuario situado en la orilla del Tíber, para celebrar su fiesta. Nadie se hallaba excluido de los festejos, ni los esclavos, pues a todos podían alcanzar los beneficios de la veleidosa diosa.

Iconología

Ha sido representada con una media luna y un sol en la cabeza para indicar que al igual que estos astros, la fortuna preside todo lo que ocurre en esta tierra. Se le ha dado también un timón como símbolo del imperio de la casualidad al albur de los «golpes de mar» («golpes de timón» necesarios para cambiar el rumbo o evitar catástrofes). A veces posee un pie en la proa de la nave, y otro en tierra, presente al mismo tiempo, sobre la tierra y los mares. Las medallas de los emperadores romanos la representan de diferente forma. En una de Adriano aparece como una hermosa mujer alada, tendida y con un timón a sus pies. Otra de Antonio Pío nos la muestra también hermosa: apoya su mano derecha sobre un timón y con la izquierda acaricia un cuerno de la abundancia... En otra de Cómodo posee también el cuerno de la abundancia en la izquierda y con la derecha sujeta un caballo por la brida. La *Fortuna Victoriosa* se apoya también sobre un timón y tiene una rama de laurel. En una medalla del emperador Geta, la buena Fortuna aparece sentada, se apoya con el brazo derecho sobre una rueda y en la mano izquierda tiene el famoso cuerno. Algunas veces se substituye la rueda por un globo celeste, cuyo movimiento perpetuo anuncia igualmente la inconstancia.

En el siglo XVIII el pintor francés Gravelot la pintó sentada en un trono, sobre cuyas gradas esparció los atributos de todo lo que es objeto de deseo por los hombres; cerca colocó el cuerno de la abundancia y el incienso, que se escapa de un braserillo, pasó a significar las adoraciones de todo el Universo.

Hércules

Hércules es el modelo más acabado de héroe antiguo, forma latinizada del Heracles griego, tal vez por intermediario etrusco según P. Grimal. «Superman» por antonomasia de la época clásica.

Su leyenda, basada en la persecución de que es objeto por parte de la diosa Hera (Juno), por ser fruto de los amores de Zeus (Júpiter) y Alcmena, una joven mortal, pasa con todo rigor a Italia, como pasan o terminan por fraguarse en la nueva península un conjunto de tradiciones a propósito del regreso del héroe de sus aventuras en los dominios de los Geriones.

La versión más primitiva de la leyenda presentaba sólo al héroe recibido como huésped por el rey itálico Fauno, quien tenía la bárbara costumbre de ofrecer en sacrificio a los dioses a todos los extranjeros a quienes daba cobijo. Cuando intentó hacer lo propio con Hércules, nuestro héroe le mató y tras ello prosiguió su andadura en dirección a la Magna Grecia.

El relato más corriente, terminado de fraguar en la época de Augusto y plasmado por Virgilio en la *Eneida* es como sigue:

Eneas llega a la ciudad itálica en donde reinaba Evandro, precisamente cuando éste celebraba una festividad en honor de Hércules, porque algunos años antes el héroe había salvado a la región de los excesos de un monstruo llamado Caco, que aterrorizaba a los lugareños con sus pillajes y matanzas.

La ciudad de Evandro se levantaba junto al Tíber, en el emplazamiento que más tarde tendría Roma. Caco habitaba no muy lejos, en una profunda caverna horadada en la colina del A ventino. Se tenía por hijo de Vulcano, dios del fuego y por dicho motivo podía despedir llamas y humo por las tres bocazas de las tres enormes cabezotas que poseía. De enorme tamaño, Caco era medio animal, medio hombre. Le gustaba la carne por encima de todo, aunque su plato favorito era la carne humana. A la entrada de su hedionda cueva podían verse los restos de sus voraces comilonas y, constantemente, rezumaba la sangre de sus víctimas.

La desesperación cundía por doquier, los súbditos de Evandro se sentían impotentes para terminar con aquel monstruo. Entonces regresó Hércules de su expedición al occidente mediterráneo conduciendo los bueyes sustraídos al ibérico (?) Gerión. Se detuvo a descansar en la falda de las siete colinas de la futura Roma y dejó en libertad a la manada para que triscase a sus anchas.

Los mujidos de las bestias llegaron a oídos de Caco, despertándole un deseo feroz de apoderarse de algunos de ellos y realizar un festín como nunca había imaginado hasta entonces. Por otra parte, cuando se enteró que Hércules era el dueño del rebaño se le avivó todavía más el maligno espíritu de emulación, puesto que si salía victorioso del robo las generaciones venideras conservarían la hazaña: «ha vencido a Hércules» y ya nadie sería capaz de contestarle su poder.

Así, se deslizó furtivamente y pudo sustraer al héroe cuatro vacas y cuatro bueyes, ocultándolos en lo más profundo de su caverna. Para no dejar huellas arrastró a los animales por la cola, obligándolos a caminar hacia atrás, con lo cual las pisadas parecían dirigirse en sentido contrario de la gruta.

Al despertar Hércules, reunió su ganado y de momento no se preocupó del número. Pero los mugidos de los bueyes fueron contestados por los de los que se hallaban presos en la cueva y entonces el héroe reparó en el robo y se dispuso a recuperar su botín.

Advertido Caco de las intenciones de su rival, corrió hacia su guarida y la cerró a cal y canto con una enorme piedra. Tras porfiados intentos sin hallar la forma de penetrar en ella, Hércules escaló la montaña y abrió un gran boquete que penetraba directamente hacia donde se hallaba Caco, quien por primera vez se le dibujó el terror en los tres semblantes. Entonces vomitó fuego y una densa humareda acompañada de llamaradas envolvió al héroe que, sin embargo, pudo esquivar el ataque. Saltó entonces al interior de la caverna y, con su maravillosa maza, tras inmovilizar a su enemigo, terminó una a una con las tres cabezas del monstruo.

Hércules despejó la entrada de la caverna y arrastró fuera el cadáver de Caco, donde las gentes, temerosas primero, fueron reuniéndose para contemplar inmóvil a su mortal enemigo. Evandro manifestó a Hércules su agradecimiento y le prometió ofrecerle honores divinos.

En el denominado Foro Boario se edificó así en honor de Hércules, guardando la tradición del Ara Máxima y más tarde al pie del Aventino se ergió un templo al héroe ya divinizado. Cada año el pretor, en representación de todos los romanos, ofrecía a Hércules, en un día señalado (12 de agosto), un ternero y una novilla.1 Después era costumbre ofrecerle un diezmo de las ganancias.

También en Roma se consideraba al héroe el protector de los ejercicios físicos y de las palestras y se le invocaba en las dificultades. Los hombres, además, solían hacer sus juramentos en nombre de Hércules. Se le cita frecuentemente en las obras literarias de la antigüedad.

Iconología

En las artes figurativas aparece como un hombre de cuerpo excepcionalmente vigoroso con fuertes músculos, así en el Hércules Farnesio del museo de Nápoles. Después de los artistas antiguos pintores y escultores de la época media y moderna se han inspirado en su figura. Entre los escultores G. Pisano, A. Pisano y P. Vischer. Entre los pintores el Pollaiolo, Mantegna, Zuccari, A. Carracci, G. Reni, Zurbarán... Sus atributos eran la clava o maza y la piel del león de Nemea.

Consideraciones finales

Vemos pues como la leyenda romana posterior ha transformado al Fauno primitivo en un Evandro que acoge a Hércules con benevolencia y, siguiendo los consejos de su madre Carmenta que le ha puesto al corriente de la verdadera personalidad de aquel héroe, le consagra un altar en la salida del Valle del Circo Máximo, entre el Palatino y el Aventino. En Italia se atribuían a Hércules «grandes trabajos» también, entre los que destacan la construcción de un dique y una vía de unos ocho estadios de longitud que separaba el mar del lago Lucrino en Campania. Las mujeres se hallaban excluidas del santuario herculino, porque, fatigado el héroe de su lucha contra Caco, solicitó bebida a la diosa Fauna o Bona Dea. Ésta cumplió a rajatabla el no dar acceso a Hércules hasta la fuente sagrada, entonces éste, terriblemente irritado, excluyó para el futuro a las féminas de los recintos sagrados que le consagrasen.

En España recuerda a Hércules y a su legendario paso por la península la torre de Hércules, un faro de La Coruña que ha llegado reconstruido hasta la actualidad y que, al parecer, según consta en una inscripción aparecida al pie del monumento, fue levantado por el arquitecto lusitano Cayo Servio Lupo y consagrado en principio a Marte; las Columnas de Hércules en el Estrecho de Gibraltar y la fundación de ciudades, como Alicante.

Esculapio

El culto al Asclepio griego, se introdujo entre los romanos en el año 291 a.C., tras una terrible epidemia de peste que ocasionó numerosas muertes. Los libros sibilinos revelaron que, para hacer cesar la enfermedad, era necesario ir a Epidauro, en Grecia, en busca del dios Asclepio. Así lo hicieron los romanos y el dios, tras oír las súplicas desesperadas, se avino a realizar el viaje metamorfoseado en una gigantesca serpiente, igual que uno de sus símbolos. Al llegar a Italia, el dios-serpiente buscó un acomodo y se estableció en la isla Tiberina, en medio del río. La epidemia cesó en el acto y, en acción de gracias, los romanos edificaron un templo en la isla, que desde entonces quedó consagrada a Esculapio. El lugar, como todos los consagrados al dios, llegó a ser una especie de hospital en el cual se reunían los enfermos con la esperanza de alcanzar la curación. La isla adoptó la forma de un navío, como recuerdo de la forma como el dios había llegado hasta Roma.

Fue así como Esculapio desplazó de entre los romanos a la primitiva diosa Salus, que junto con Carna o Cardea, que poseía el poder de expulsar a las brujas nocturnas chupadoras de la sangre de los niños, habían velado hasta entonces por la salud del Lacio.

Juntamente con Esculapio se adoraba también a su esposa, *Epione* (la consoladora), y a la hija de ambos, *Higia*, protectora de la salud, de donde deriva la palabra higiene, como fuente de salud. Cuando las gentes llegaban hasta el santuario del dios, oraban y sacrificaban antes de retirarse a dormir en emplazamientos cercanos. Entonces se les aparecía el dios en sueños y les indicaba el medio más adecuado para vencer sus dolencias.

Las serpientes fueron tenidas como fieles servidoras del dios, puesto que su característica de mudar cada año de piel simbolizaba la renovada juventud. Hay quien asegura que los resbaladizos bichos eran utilizados de alguna forma en las curas, quizá haciéndoles lamer las heridas o úlceras de los pacientes o utilizando su grasa, veneno, etcétera.

El hospital de la serpiente sagrada fue el primero eregido en Roma en honor de Esculapio y con otro nombre existe en la actualidad un centro hospitalario emplazado en el mismo lugar.

Iconología

El aspecto del dios era el de un hombre de mediana edad, robusto y barbudo con la frente coronada por una rama de laurel. La serpiente y el can eran los animales, símbolo del arte de la adivinación, mientras que el báculo sanador era el emblema del médico.

Cástor y Pólux

Su culto se introdujo desde Grecia a través de Tusculum. Tradicionalmente fue inaugurado el año 449 a.C., después de que los gemelos divinos lucharan a favor de los romanos en la batalla del lago Regilio. A la sazón los romanos se hallaban empeñados en derrotar a una poderosa coalición enemiga. En lo más tremendo de la lucha, cuando el combate tomaba mal cariz para los romanos, Cástor y Pólux aparecieron de repente a caballo de blancos corceles y armados con refulgentes corazas. Con esta ayuda sobrenatural, los romanos consiguieron una gran victoria.

En Roma, la gente esperaba con angustia el resultado del difícil combate. Los brillantes jinetes aparecieron entonces en el Foro. Se detuvieron ante el templo de Vesta, desmontaron y lavaron a sus corceles alados en la fuente Juturna. Después volvieron a montar y desaparecieron.

Los romanos se dieron entonces cuenta de que la intervención sobrenatural de los dioses gemelos indicaba las preferencias de éstos en la lucha. Agradecidos, levantaron un templo en el Foro en honor de Cástor y Pólux, cercano al de Vesta, y desde entonces los tuvieron como protectores de Roma. Todavía hoy existe el recuerdo del lago por una cisterna rectangular de piedra, así como tres columnas del templo que Augusto construyó por tercera vez. También se asociaron los Gemelos con el comercio; su santuario poseía bajo sus órdenes una oficina de pesos y medidas.

Ceremonias fúnebres y vida de ultratumba

Cuando un romano moría, al entierro iban sus manes, es decir, sus antepasados, representados por maniquíes voluntarios con las máscaras de cera que los identificaban. Se hallaba muy divulgada la creencia de que si no había alguien que se acordase de ellos e hiciese ofrendas en sus tumbas y las cuidase, sus almas andarían errantes y sin sosiego hasta llegar a convertirse en espíritus de influencia nociva. Para evitar este mal, una vez al año, en las fiestas funerarias (semejantes a nuestro Día de los difuntos) se ofrecían en sus tumbas alimentos y bebidas, flores y obsequios, al margen de la oración diaria de la familia y del recuerdo que representaban las mascarillas de cera de los difuntos que colgaban de las paredes de la casa; otras veces se trataba de imágenes completas.

Pirámide sepulcral de Flavio Máximo, comandante de la legio III augusta en Lambaesis, Argelia. Enterramiento romano singular de influencia oriental y también etrusca.

Pero no todos los espíritus de los muertos eran propicios por el mero hecho de acordarse de ellos. Los *lemures* representaban funciones opuestas a las de los manes. Se trataba de espectros malévolos que podían dañar y atormentar a los vivos, y con el fin de alejarla de la casa y sus moradores, el padre, a la media noche de los días 9, 11 y 13 de mayo, después de lavarse las manos en señal de purificación, echaba puñados de habas negras hacia atrás para que les sirviera de alimento y así apaciguarlos, tal como volveremos a insistir reiteradamente.

Las *larvae*, o larvas, eran los espíritus de los criminales y de las personas desaparecidas en muerte trágica. Podían actuar sobre los vivos produciéndoles transtornos mentales, que intentaban contrarrestar haciendo uso de los exorcismos conocidos por la propia familia o con la intervención de alguna bruja o hechicero, que pronunciaba las palabras de conjuro al tiempo que suministraba toda clase de pócimas para defenderse de ellas.

El entierro constituía pues una de las ceremonias más solemnes de un romano, a la que asistían «además de los antepasados» todos los miembros de la familia del finado. A los muertos se les incineraba y las cenizas se guardaban en urnas que se colocaban en unos lugares llamados *columbarios* (de *columba* = paloma, por tener cada uno de ellos la forma de un nido de paloma, con todo su símbolo de *paz* que significa además esta mansa ave). También se efectuó la inhumación de cadáveres en los panteones construidos en las afueras de las ciudades. El cristianismo, siguiendo al pie de la letra el dogma de la «resurrección de los muertos», generalizó esta práctica, por considerar más fácil éstas con un cadáver inhumado que incinerado... Un interesante cementerio *in situ* puede contemplarse en la Plaza de la Villa de Madrid, de Barcelona: data del siglo III d.C.

Dejando aparte la «vida» de los *lemures* y *larvas*, la noción de castigo o premio y de Infierno o de vida feliz para los «buenos» es confusa entre los romanos y se vale de toda serie de aportaciones mitológicas, en especial etruscas y griegas.

Entre los poetas latinos, algunos han colocado el Infierno en las regiones subterráneas, situadas directamente debajo del lago Averno (*Averno* o *Infierno* son pues sinónimos) en la campiña de Roma, con motivo de los vapores envenenados que se elevaban de este lago antiguo. Según los romanos, los infiernos se dividían en siete lugares diferentes. El primero encerraba los niños muertos al nacer, que no habiendo probado ni las penas, ni los placeres de la vida, no habían contribuido ni a la dicha ni a la felicidad de los hombres y no podían, por consiguiente, ser castigados ni premiados. El segundo lugar estaba destinado a los inocentes condenados a muerte. El tercero contenía a los suicidas. En el cuarto, denominado *Campo de lágrimas*, erraban los amantes perjuros, y sobre todo la multitud de amantes desgraciados. El quinto lugar era habitado por los héroes cuya

Sarcófago romano con pareja escultórica realista y en la parte inferior relieves mitológicos representando la vida de Aquiles (Museo Capitolino)

crueldad había oscurecido el valor. El sexto era el *Tártaro*, lugar de los tormentos y el séptimo los *Campos Elíseos*. Plutón y Proserpina son la pareja reinante de este «mundo» infernal.

Los *Campos Elíseos* o *Elisios* son la morada de las sombras virtuosas, la séptima división del Infierno. Reinaba en ellos una eterna primavera y el soplo de los vientos no se hacía sentir sino para esparcir el aroma y el perfume de las flores. Jamás los rayos del sol ni de los astros fueron interceptados por las nubes. Florestas de rosales de mirto y de otras mil plantas y árboles olorosos embellecían la morada de las sombras justas. El Leteo corría por él con un dulce murmullo y sus aguas tenían la propiedad de hacer olvidar los males de la vida. Una tierra siempre fértil renovaba sus producciones tres veces al año, y presentaba alternativamente las flores y los frutos.

Sin ningún dolor, sin sombra de vejez, conservaban eternamente los *manes* afortunados la edad en que habían sido más felices. Allí se disfrutaban los placeres que más habían gustado, durante su vida: la sombra de Aquiles hacía la guerra a las bestias feroces. Robustos atletas se ejercitaban en la lucha: ancianos alegres se invitaban recíprocamente a los banquetes. A los bienes físicos se reunían la ausencia de los males del alma. La ambición, la avaricia, la envidia y todas las viles pasiones que agitan a los mortales no podían alterar la calma de los habitantes de los Elíseos. Saturno, soberano de esta morada feliz, reinaba en ellos con Rhea, haciendo revivir la *Edad de Oro*. Otras versiones los hacían gobernar por las sabias leyes de Radamanto.

Unos situaron los Campos Elíseos en la Luna, otros en las islas Canarias o Afortunadas, otros en las Seetland o en Islandia (Thule), los más en la extremidad de la tierra, y en las orillas del Océano, en las islas Blancas del Mar Negro (Ponto Euxino), cerca de las estatuas o columnas de Hércules en Hispania, etcétera.

Los romanos sólo creían en las penas eternas para los grandes malvados. El suplicio de los demás cesaba después del tiempo prescrito por los jueces del infierno. Nada manchado con el vicio entraba en los Campos Elíseos; pero el infeliz que sólo había sido débil, cuyo corazón había gemido con los remordimientos, no era desterrado de ellos para siempre y, tras haber sufrido un castigo justo y necesario, se lo volvía a la tranquilidad y la dicha.

* * *

DIVINIDADES MENORES PROPIAMENTE ROMANAS, HÉROES Y HEROÍNAS

Aca Larentia

Se cuenta que reinando Rómulo o alguno de sus primeros sucesores, cierto día con motivo de una festividad, el propio Hércules ya divinizado recibió una invitación del sacerdote-guardián de su templo para intervenir en una partida de dados, el perdedor pagaría al otro un banquete y los favores de una hermosa joven. Hércules aceptó y triunfó del lance. Su sacerdote le sirvió un espléndido ágape en el recinto sagrado y le «puso a disposición» a la bellísima Aca Larentia o Laurencia. Se supone que al saber la identidad de su acompañante, la doncella se avino a pasar la velada con el dios y éste, antes de despedirse, deseoso de premiarla con creces, le sugirió entrar al servicio del primer hombre que se interpusiera en su camino. Este fue Tarucio, un etrusco muy rico que falleció pronto dejando a Larentia heredera de extensísimas propiedades junto a Roma.

Aca vivió hasta edad longeva y, cuando supo que llegaba su hora, cedió en testamento sus posesiones a la ciudad de Roma y después desapareció en el mismo lugar en que se hallaba sepultada la Laurencia que había cuidado a Rómulo y Remo (Ver leyenda).

Los mitólogos consideran el origen de esta leyenda en el deseo de los romanos de justificar sus primeras apropiaciones de tierras junto a la ciudad. Lógicamente, Larentia recibiría honores divinos.

Acis

Hijo del dios itálico Fauno y la ninfa Simetis, enamorado de la ninfa Galatea, que se había prendado a su vez del cíclope Polifemo, quien con unas rocas intentó aplastar a su rival, pero Acis escapó a su persecución transformándose en el río que desde entonces llevó su nombre.

Acrón

Era un sabino soberano de Cenina. Tras el episodio del rapto de las mujeres sabinas, fue el primero que aceptó el reto de Rómulo de un combate singular. Como no tenía la protección divina, perdió y, muerto por Rómulo, su armadura fue consagrada por el romano a Júpiter Feretrio, en el Capitolio. De esta forma, quedó instituida la costumbre, tras una victoriosa batalla, de los denominados Espolios Óptimos sobre el enemigo.

Amata

Casada con el rey Latino, tuvo de éste a Lavinia. Eligió como futuro esposo de su hija al joven soberano de los rútulos, Turno, pero por orden del destino Eneas se interpuso en sus deseos y, por muchas estratagemas que urdió, no pudo oponerse. Al conocer el triunfo final de Eneas sobre Turno, Amata se suicidó. Sin embargo, su abnegación fue reconocida por los romanos y así el nombre de la Vestal consagrada por el Sumo Pontífice era el de Amata.

Amulio

Rey de Alba Longa, su padre Procas había dividido su testamento en dos: las riquezas y el reino. Dejó escoger a sus dos hijos Numitor y Amulio. El primero se llevó las riquezas y gracias a ellas urdió una revolución que destronó a su hermano. Pero Rea, hija de Numitor, tuvo de Marte a Rómulo y Remo y éstos repusieron en el trono a su abuelo.

Anna Perenna

Según una anacrónica versión, fue hermana de la reina de Cartago, Dido. Cuando despechada por Eneas ésta se suicidó, Anna tuvo que huir ante la invasión del númida Yarbas, antiguo pretendiente de Dido. Refugiada en una isla de la costa africana cuyo rey era Mélite, tuvo que echarse de nuevo a la mar ante la insistencia de Pigmalión, rey de Siria, de que Mélite entregara a la fugitiva. Anna llegó entonces a las riberas del Lacio, en donde a la sazón Eneas era soberano de la ciudad de los Laurentes. Al encontrar a Anna, Eneas la reconoció y se entristeció sobremanera cuando supo el fin de Dido. Hizo instalar a la recién llegada en su propio palacio, pero Lavinia, esposa de Eneas, tuvo celos y maquinó grandes males contra la advenediza. Un sueño reveló las intenciones de Lavinia a Anna, que cogió cuatro pertenencias y marchó de palacio en una noche muy oscura. Cuando intentó vadear el río Numicio, su dios protector la arrastró hasta su seno.

Mientras tanto, los criados de Eneas, por orden de éste, iniciaron la búsqueda de la fugitiva. Descubrieron sus huellas, pero éstas terminaban al llegar al cauce del río. Cuando más azorados estaban, surgió de la corriente una misteriosa figura que les indicó que Anna se había transformado en una ninfa acuática con el nombre de Perenna, para indicar que los dioses le habían concedido el don de la inmortalidad. Contento, Eneas instituyó una fiesta anual en honor de la nueva divinidad.

En otro relato se indica que Anna, aunque eterna, debió convertirse en anciana. Cierto día Marte, enamorado de Minerva, intentó la intervención celestinesca de Anna para contactar con la prenda de sus deseos. Como Anna se diera cuenta de la incorruptibilidad de Minerva para ceder a los deseos del dios guerrero, entretuvo a éste hasta que, no pudiendo hacerlo más, le concertó una cita con la supuesta Minerva, ocupando el lugar de la diosa. Cuando Marte llegó hasta la cámara en donde esperaba encontrar a Minerva, Anna se levantó el velo que la cubría y llenó de soeces reproches al temerario «conquistador». En recuerdo de este pasaje, durante la fiesta de Anna se cantaban numerosas canciones licenciosas.

Finalmente, una leyenda más autóctona habla de Anna como una venerable anciana que, en las luchas entre patricios y plebeyos, elaboraba tortas para éstos con el fin de que no se murieran de hambre. Tal dedicación y entrega le habría valido los honores divinos al advenir la paz y el acuerdo mutuo entre las dos facciones. Se la representaba siempre bajo el aspecto de una venerable anciana y se le había consagrado un bosque al lado de la Vía Flaminia y hacia la parte septentrional de la ciudad.

Anquémolo

Era hijo del rey de los marrubios, Reto. Este pueblo formaba parte del territorio de los marsos, que habitaba la Italia Central, junto al lago Fucino. Concibió una lujuriosa pasión por su suegra Casperia, consumando sus inconfesables deseos. Al saber su padre las relaciones, intentó terminar con el desalmado hijo, pero Anquémolo pudo huir y refugiarse en la corte del famoso Turno. Tal deferencia hizo que combatiera al lado del infortunado príncipe en la guerra contra el advenedizo Eneas, muriendo en combate.

Ascanio

Hijo de Eneas y de Creúsa, o bien de Lavinia, hija del rey Latino. Según esta versión, no habría venido al mundo hasta después de la arribada de Eneas a Italia.

A la muerte de Eneas, habría reinado sobre los latinos. Luchó contra los etruscos, venciéndoles a orillas del Numicio. Fundó Alba Longa, la ciudad que sería madre de Roma. Lavinia, hallándose embarazada, se refugió a dar luz en casa de un pastor llamado Tirro o Tirreno y allí dio a luz a Silvio. Tirro (nombre a todas luces etrusco) sublevó a los latinos contra Ascanio. Fallecido éste, Silvio pudo sucederle en el trono de Alba.

Ascanio también es denominado *Julo*. Por eso la ilustre familia romana de los *Julios* lo tuvo como antecesor.

Aucno

Denominado también Ocno. Es hijo de Fauno o según otras versiones de Tiberino. Su madre, hija de Tiresias o de Hércules, se llamaba Manto. Nació en Perusa, marchó de la ciudad para no comprometer a su hermano Aulestes, su fundador, y tras una arriesgada travesía del Apenino fundó Felsina, población que más tarde se convertiría en Bolonia, mientras sus compañeros realizarían otras fundaciones a lo largo de la llanura del Po, sobresaliendo entre todas ellas Mantua.

Ayo Locucio

En latín *Aius Locutius*, dios misterioso que se manifestó únicamente cuando los galos invadieron la península itálica y poco antes de llegar a las puertas de Roma les advirtió de la presencia del enemigo. Nadie le hizo caso, pero después de la retirada de los bárbaros, el dictador Camilo quiso reparar tal falta de respeto levantando un santuario en el mismo lugar en que se manifestó la misteriosa voz, esto es en el ángulo norte del Palatino. La divinidad se denominó *Aius Lucutius*, porque contiene dos veces la idea de hablar: *aio* y *loquor*. De esta forma, Camilo creyó que con la redundancia no sería olvidada para otra vez.

Belona

Mal definida durante mucho tiempo hasta que se identificó con la diosa helénica Enio. A veces se presenta como compañera o esposa de Marte y aparece en el carro del dios guerrero con rasgos terroríficos. En la mano flamea una antorcha con intención de incendiarlo todo, o una espada o una lanza dispuesta a cortar cabezas acá y acullá o a ensartar cuantos más enemigos mejor. Recuerda la imagen clásica de las Furias. Una representación horripilante de la misma es la de H. Rousseau titulada *La Guerra* (Museo del Jeu de Paume, París). Belona, sinónimo de la guerra, aparece como una joven despeinada vestida con harapos, en una mano una humeante antorcha, en la otra blande una espada, y cabalgando sobre un fantasmagórico caballo a través de un bosque desolado, sembrado el suelo de muertos... Unos colores azulados, rosáceos y morados prestan mayor misterio y terror al conjunto.

Bianor

Relacionado con *Aucno* o identificado con él, se trata de un héroe de Mantua, epónimo (que dio nombre) de la ciudad, en memoria de su madre.

Bona Dea

La *Buena Diosa*, divinidad romana ligada al culto de Fauno. Un relato conservado afirma que era la hija del citado dios. Fauno intentó propasarse con ella, que defendió a uñas y dientes su honra, incluso embriagada por su desnaturalizado padre. Fauno la flageló entonces con varas de mirto, lo que provocó que el mirto fuera prohibido en su templo. Finalmente Fauno, adoptando la forma de serpiente pudo lograr su intento.

En otra tradición conservada, Bona Dea es la esposa de Fauno, nadie la igualaba en el cuidado doméstico de su casa ni tampoco en fidelidad a su cónyuge. Cierto día halló por casualidad una jarra de vino y como nunca había bebido y no estaba acostumbrada, lo probó, le gustó y lo apuró hasta las heces. Su marido, al verla en estado de embriaguez, montó tan en cólera que la mató a golpes con una rama de mirto. Hecho esto, se arrepintió y deseó perpetuar su memoria tributándole honores divinos.

Poseía un santuario al pie del monte Aventino, rodeado por un frondoso bosque que le estaba consagrado. Todos los años se celebraban en él los misterios de la Bona Dea («la Buena Diosa») de forma singular, puesto que los hombres se hallaban excluidos de su culto. Incluso a Hércules le fue vedada la entrada, por eso el gran héroe, despechado, erigió su Gran Altar no lejos de aquel emplazamiento, prohibiendo a su vez el acceso a las mujeres.

Caca

Hermana del monstruoso ladrón Caco, cuando Hércules pasó por Italia, traicionó a aquél, indicándole dónde el malvado había puesto a buen recaudo los bueyes sustraídos al héroe. Aunque este hecho, por la acción antifamiliar, parezca repugnante, como fue para un buen fin, los lugareños tributaron culto a Caca y le encendieron, a semejanza de Vesta, un fuego perpetuo.

Caco

Primitivamente se conservó su memoria como dios del fuego o numen de la región. Ya vimos, al referirnos a Hércules, como existe un mito ligado a la presencia del gran héroe en tierras italianas, pero una vieja tradición lo hace compañero del frigio Marsias, cuya intención era apoderarse de Italia. El rey etrusco Tarchón lo había recibido como embajador, pero recelando de él lo hizo encarcelar. Se escapó de la prisión y volvió junto a su soberano. Los frigios atacaron entonces la región de Lacio, pero Hércules, aliado entonces con Tarchón, logró vencer a los intrusos.

Por último, Diodoro habla de un tal Cacius, que poseía una fuerza extraordinaria y vivía plácidamente en el Palatino. Fue un benefactor y acogió a Hércules maravillosamente. En su memoria una subida del Palatino se denominó *Scalae Caci* (subida de Caco) y también las proximidades de donde, según la leyenda, se emplazaría su casa sería el *atrium Caci*.

Sin embargo, no hay duda que el más famoso de los «Cacos» es el «malo», puesto que en el lenguaje vulgar nos ha quedado para significar un ladrón: «un caco».

Camenas

Ninfas de las fuentes que poseían su santuario en un soto sagrado, no lejos de la puerta romana denominada Capena. Pronto fueron asimiladas a las Musas hélenicas.

Camers

Una leyenda lo hace soberano de la ciudad de Amiclas, emplazada entre Terracina y Gaeta. Una horrenda invasión de serpientes habría hecho desaparecer la población ya en tiempos clásicos. Su padre era un tal Vulcens.

Cameses

Según una versión, sería el rey del Lacio cuando Jano, desterrado, llegó a Italia. Cameses recibió amistosamente al fugitivo e incluso compartió con él el gobierno del Lacio, hasta que muerto Cameses, Jano quedó como único monarca.

Camila

Según la *Eneida*, era hija del rey de los volscos, Métabo de Priverno. Muerta su esposa Casmila, un golpe de estado le obligó a huir de la ciudad. Ya escapaba de sus perseguidores cuando el curso del río Amaseno se interpuso en su huida. Cogió a Camila, de corta edad, la ató a una pica y la lanzó a la otra orilla, invocando a Diana su salvación. La diosa escuchó su súplica y, mientras la pequeña llegaba sin novedad al suelo, él pudo salvar el cauce a nado. Ambos vivieron como salvajes durante mucho tiempo. Al crecer, Camila se transformó en una especie de amazona de terrible carácter, aunque de no menos belleza. Luchó contra Eneas, pero sufrió la muerte a manos del héroe Arrunte.

Canens

Ninfa del Lacio casada con Pico, rey de los Laurentes. Los dos estaban muy enamorados hasta que un día la maga Circe, tras ver a Pico, sintió una inconfesable pasión por él y lo transformó en jabalí para, una vez devuelto a su forma primitiva, revelarle su inclinación. Así lo hizo, pero Pico la rechazó. Llena de rabia, la maga lo convirtió entonces en el pájaro de ese nombre. Canens, llena de tristeza, lo buscó en vano. Cayó agotada junto al Tíber y, tras desgranar una melancólica balada, se desvaneció en el aire. Fue considerada musa del canto.

Capis

Compañero de Eneas, se le atribuye en Campania la fundación de Capua. Otra versión afirma que fue *Romo*, hijo de Eneas, quien lo hizo y que dio aquel nombre en memoria de su bisabuelo. Por último, un tercer relato pretende que Capua no es de origen troyano, sino samnita. Al parecer el nombre de Capua posee como raíz una palabra que quiere decir halcón en etrusco y, en general, «todos los que presentan el dedo gordo del pie vuelto hacia dentro».

Carmenta

Ninfa de origen arcadio, madre de Evandro, que al llegar a Italia recibió el nombre de Carmenta porque poseía el don profético (de *carmen*, «el canto mágico»). Gracias a sus privilegiados dones pudo escoger en Roma el lugar más ideal para establecer en él a su hijo. De paso por Italia, Hércules le profetizó a éste el destino que le aguardaba. Murió al rebasar con creces los cien años y fue enterrada junto al Capitolio, cerca de la Puerta que llevó su nombre, es decir, del Carmental.

Otra leyenda decía que Carmenta no era la madre de Evandro, sino su esposa. Por no haber querido ir a la fundación del altar herculino, el superhéroe no quiso que las mujeres pudieran intervenir en dicho culto.

Finalmente, para algunos, Carmenta era una divinidad de la generación y, según las dos posiciones adoptadas por el niño antes de nacer, era llamada *Prorsa* y *Postuersa*.

Carna

Ninfa que habitaba la campiña en donde después se instaló Roma. Le estaba consagrado un bosque de las orillas del Tíber denominado *Lucus Helerni,* donde se ofrecieron sacrificios hasta los primeros tiempos imperiales. Según Ovidio se llamó primero Crane y había hecho voto de virginidad dedicándose a la caza. Si era requerida en amores, invitaba al pretendiente a que le siguiera hasta el bosque y allí desaparecía. Hasta que Jano, prendado de ella, pudo atraparla y gozó de ella. A cambio le concedió la protección sobre los goznes de las puertas, regalándole como símbolo una rama mágica florida que preserva de las mordeduras de los vampiros a los recién nacidos, a los cuales les chupan la sangre con la que se alimentan. Así se salvó de una muerte cierta el hijo del rey Procas.

Cateto

Enamorado de la hija del rey etrusco Anio, cuyo nombre era Salia, se la llevó a Roma por la fuerza. Su padre persiguió a la pareja inútilmente. Lleno de dolor se arrojó al río, que desde entonces se llamó Anio (en la actualidad Aniano), afluente del Tíber. Hijos de Cateto y Salia fueron Latino, que dio nombre a su pueblo, y Salio, que lo hizo del colegio sacerdotal de los Salios consagrados a Marte, los cuales anualmente realizaban una procesión ritual complementada con danzas sagradas y saltos.

Cátilo

De origen griego, llegó a Italia acompañando a Evandro y, según una versión, era hijo del héroe Anfiarao. En su nueva patria tuvo tres hijos: Tiburto, Coras y Cátilo, que decidieron fundar la ciudad de Tibur (en la actualidad Tívoli). En la *Eneida,* Cátilo «hijo» interviene en la lucha de Eneas contra los rútulos.

Céculo

Fundador de Prenesto, en la actualidad Palestrina. Al parecer era hijo del propio Vulcano. Había en el lugar dos hermanos llamados Depidios que tenían una hermana muy bella. Cierto día en que ésta se hallaba junto al hogar en donde chisporroteaban unos buenos troncos, saltó una chispa de éstos que fue a parar al seno de la muchacha. Ésta se dio pronto cuenta de que estaba embarazada y cuando dio a luz abandonó el fruto de aquella misteriosa unión junto al templo de Júpiter. El bebé fue encontrado por unas pastoras que lo llevaron a los Depidios, quienes lo criaron sin saber nada de su origen. Le pusieron por nombre Céculo, porque el humo de la hoguera junto a la que había sido hallado le había irritado tanto los ojos que le hacía parecer ciego (en latín *caecus* = ciego).

Cuando llegó a la edad viril, Céculo decidió fundar una ciudad y a tal efecto solicitó de su padre Vulcano un prodigio. Éste envió unas llamas que obedecieron las órdenes de Céculo. La multitud, asombrada, decidió contribuir en la construcción de la nueva ciudad, que siempre gozó de la protección del dios de la fragua y el fuego.

Cipo

Es el nombre de un general que cierto día, regresando victorioso de una batalla, se detuvo a descansar en la orilla de un arroyo y, mirándose en él, vio con asombro su cabeza coronada con unos enormes cuernos. Preguntando al arúspice qué significado podía tener aquello, éste le contestó que era símbolo de que alcanzaría el trono de Roma. Tal respuesta le repugnó, como buen republicano que era, y decidió desterrarse. El senado, agradecido, le cedió tanta tierra como pudiera trabajar en un día, al tiempo que ordenaba esculpir en la muralla de Servio la cabeza del abnegado Cipo.

Consus

Divinidad romana primitiva y misteriosa que poseía un altar subterráneo en el centro del Circo Máximo. Cuando se celebraban las fiestas dedicadas al dios, se desenterraba el altar (fiestas *Consualia*). Además los animales de tiro, caballos, asnos y mulos debían de abstenerse de cualquier trabajo y se les coronaba de flores. Se efectuaban carreras de caballos y de mulos. En la primera fiesta en honor de Consus tuvo lugar, según la leyenda, el famoso «rapto de las sabinas». Algunos mitólogos han forjado la hipótesis de que Consus fuera un dios de los silos, protector o guardián de los cereales almacenados.

Curcio

Cuando ya la República era un hecho, cierto día un corrimiento de tierras abrió un enorme boquete en el centro del mismo Foro romano. Los habitantes de la ciudad intentaron colmatarlo con tierra, pero en vano, el socavón no se cerraba. Consultada la Pitonisa, argumentó que éste no se colmataría hasta que se echase lo que había de mayor valor en Roma. M. Curcio, joven romano, comprendió que lo más importante de la ciudad entonces era su juventud y sus soldados y decidió inmolarse él mismo. Así lo hizo saber y, montado en su caballo, se arrojó armado al profundo agujero con la sorpresa de que, en cuanto lo hizo, el suelo sepultó al infortunado joven y su caballería. El recuerdo de todo ello fue un pequeño lago, que en su memoria se denominó *Lacus Curtius* y en cuyas orillas surgieron milagrosamente una higuera, un olivo y una vid. Así Curcio quedó como genio tutelar del lugar al que durante el imperio se le echaban monedas como ofrenda.

Dauno

Padre de Turno. De origen ilirio. Junto con sus hermanos Yápige y Peucetio, así como con un gran ejército, invadió la Italia del sur. Tras expulsar a sus habitantes, los ausones, los tres hermanos se repartieron la región creando tres reinos: el de los daunios, el de los mesapios y el de los peucetios, formando todos el país de los yápiges. Se dice que acogieron muy bien a Diomedes, pero después surgieron disensiones entre Dauno y Diomedes y éste murió a manos de aquél.

Egeria

Ninfa romana consejera del piadoso rey Numa, según la tradición, y primitiva diosa de las fuentes. Su culto se enlaza con el de la Diana de los Bosques. En Nemi y al pie de la colina de Celio, no lejos de la Puerta Capena, tenía un santuario. Amiga o esposa de Numa, en sus citas nocturnas le dictó toda la política religiosa que luego el devoto soberano desenvolvió. La leyenda dice que, a la muerte de Numa, la ninfa lloró tantas lágrimas que quedó metamorfoseada en fuente.

Entoria

Durante la recordada *Edad de Oro* vivía en Italia un campesino llamado Icario. Cierto día, atendió magníficamente al dios Saturno en su casa y de su unión con su hija Entoria nacieron Jano, Himno Fausto y Félix. Saturno les enseñó los secretos de la agricultura y la obtención del vino. Icario, cumpliendo lo ordenado por el dios, quiso enseñar a sus vecinos las nuevas técnicas, pero como no estaban acostumbrados cayeron en una espantosa borrachera y sopor. Al despertar se creyeron que Icario los había querido envenenar y lo mataron a pedradas. Al conocer la triste noticia sus nietos se ahorcaron. De pronto una epidemia envolvió toda la región. Consultado el Oráculo, dictaminó que la cólera de Saturno vengaba al pobre Icario. Entonces Lutacio Cátulo consagró un templo en el Capitolio al dios airado, así como un altar que poseía cuatro caras dedicada cada una de ellas a los hijos de Entoria y además instituyó el mes de enero como consagrado a Jano. La familia de Icario subió al cielo transformada por Saturno en constelación.

Epidio

Natural de Nuceria (Italia), fue arrastrado por la corriente del río Sarno; cuando reapareció su frente se hallaba coronada por una majestuosa cornamenta dorada. Todos comprendieron que había sido metamorfoseado en una divinidad del río.

Erilo

La *Eneida* nos relata que era natural de Preneste. Su madre era la diosa Feronia. Poseía tres vidas distintas, así como tres cuerpos. Erilo intentó que Evandro no se estableciera en el Lacio, pero éste lo venció en una durísima pelea.

Evandro

Fundador de Palanteo, ciudad erigida sobre el Palatino, en cuyo emplazamiento años más tarde, según la leyenda, Rómulo levantaría la ciudad de Roma. De origen arcaico, al parecer procedente de la ciudad de Palantio, Evandro es considerado por alguno como hijo de Hermes y de la ninfa Telpusa, que tenía la cualidad de la profecía. Esta ninfa recibió también veneración bajo el nombre de Carmenta (ver anteriormente Carmenta) y también de Temis, Nicóstrata y Tiburtis (que recuerda el del río Tíber). Otra versión hace descender a Evandro de los Dióscuros o de su familia.

Sin saberse exactamente las causas de su marcha, Evandro abandonó la Arcadia y abordó la tierra del Lacio, estableciéndose en la colina del Palatino, junto a la orilla izquierda del Tíber. Fauno, rey de los aborígenes, lo acogió pacíficamente, no así el gigante Erilo, a quien Evandro tuvo que vencer.

Monarca civilizador de su pueblo, les enseñó la escritura, la música y otras utilísimas técnicas. También se le atribuye la llegada a Italia de cultos helénicos: Ceres (Deméter), Neptuno (Posidón) y en especial Pan

Licio, a quien para honrarle instituyó la fiesta de las *Lupercales*.

Evandro acogió también a Hércules y lo purificó de la muerte de Caco. En honor del héroe, erigió el Altar Magno, que situó entre el Palatino y el Aventino. Ya muy anciano, recibió la visita de Eneas y, acordándose de que en otro tiempo había hecho lo propio con él Anquises, puso bajo las órdenes de Eneas un contingente de hombres mandado por su hijo Palante como refuerzo, ya que Eneas debía combatir a los rútulos. El pobre Palante murió en la batalla.

Palante tenía dos hermanas, Roma y Dina o Dauna. A la muerte de Evandro, se le consagró un altar al pie del Aventino que guardaba simetría con el de su madre, Carmenta.

Fama

Hija de la Tierra, se halla dotada de muchas bocas y ojos y posee la cualidad de viajar por los aires con gran velocidad. Para Ovidio, la Fama habita en el centro de la Tierra, en donde se juntan la Tierra y el Mar, y vive en un palacio sonoro provisto de numerosas aberturas para que puedan entrar todas la voces, incluso las que casi no se perciben. El palacio de Fama, construido de bronce, se encuentra abierto a los cuatro vientos para poder devolver con gran amplificación las palabras que recibe. Fama comparte su vivienda con la Credulidad, el Error, la Falsa Alegría, el Terror, la Seducción y los Falsos Rumores, y desde lo más alto de su ciudadela atisba el mundo entero. Se la representaba con una trompeta y a veces con dos, una para la verdad y otra para la mentira.

En el Libro IV de la *Eneida*, Virgilio nos relata que Fama era la última hija de la Tierra, hermana de Ceo y de Encélado. Tenía los pies y la espalda alados, el aspecto terrible y monstruoso y el cuerpo cubierto de plumas, que ocultaban numerosos ojos y lenguas en constante movimiento, al tiempo que un sinfín de orejas se hallaban prestas para recoger el más leve susurro. Por la noche vagaba siempre sin poder dormir y sin cansarse, asemejándose a una tenue sombra que se deslizara entre el cielo y la tierra, al tiempo que de día trepaba a las torres de las ciudades, pregonando en alta voz las noticias tanto verdaderas como falsas.

Fames

Alegoría del Hambre, según Virgilio puede encontrarse en la antesala de los Infiernos junto a la Pobreza. Ovidio afirma que vivía en Escitia en un ambiente desolado, teniendo como único alimento una extraña vegetación.

Fatum

Dios del Destino, es decir, el *Hado*. Influido por la mitología griega, designó las diferentes divinidades que tenían a su cargo los hilos de éste. Así las Moiras, las Parcas y hasta las Sibilas. En Roma, junto a los *Rostra*, a lo largo de la Curia existían tres estatuas, denominadas las tres *Fata*, que eran tres imágenes de Sibilas. El vulgo ideó un dios *Fatus*, masculino de *Fatum*, semejante a un genio personal, símbolo del destino individual y semejante al *Genius*. Del mismo modo, el destino femenino fue personificado por una *Fata* femenina, tardío equivalente de la primitiva *Juno*.

Fauna

Hermana y esposa de Fauno, se la invoca aludiendo a la «que dice la buenaventura». Sinónimo de *Bona Dea*, protege a las mujeres y se la considera igualmente esposa del rey Latino, epónimo del Lacio.

Fauno

Divinidad de origen itálico, una de las más antiguas y conocidas del Lacio. Dios de los rebaños y de los bosques representado con el cuerpo peludo, con cuernos, pies y patas de macho cabrío. Era considerado una divinidad benéfica, tal como su nombre, derivado de *faveo* = mostrarse propicio o favorable, indica. Le tributaban especial culto los pastores, los cuales le invocaban como *Lupercus*, por creer que les protegía de los lobos. Durante la procesión denominada de los *Lupercos*, unos jóvenes corrían medio desnudos tapados por una piel de cabra y azotando a las mujeres que encontraban a su paso con correas de cuero grueso, por creerse que tal acción provocaba la fecundidad entre las víctimas. Habitaba con preferencia en los bosques, en las grutas más recónditas, y le gustaba permanecer junto a las cristalinas fuentes, persiguiendo a los animales y a las ninfas más hermosas.

Otra tradición relataba que Fauno era hijo de Pico, nieto de Saturno y padre del propio rey Latino. Su equivalente femenino era su esposa *Bona Dea*. El centro de su culto se encontraba lógicamente en la campiña. Fauno se identificó también con el rey Evandro (derivado del griego: *eu-anér* = el hombre bueno). A veces se le tiene por hijo de Circe y de Júpiter.

Curiosamente, el Fauno primitivo terminó multiplicándose y originó a los *faunos*, genios selváticos y campestres que se confunden con los sátiros, inefables compañeros de Baco, dios del vino, el *Dionisos* griego. Son mitad hombre y mitad cabra, poseen cuernos y en general pezuñas de cabra.

Faústulo

Hermano de Faustino. Según una leyenda, fue un pastor que encontró a Rómulo y Remo abandonados cerca del Tíber, los recogió y educó en su casa, bajo la vigilancia de su esposa Aca Laurentia. Mientras Faustino guardaba los rebaños de Numitor en el Aventino, Fáustulo guardaba los de Amulio en el Palatino.

Febris

Diosa de la fiebre, era muy temida en Roma porque entonces que se hallaba cercana a terrenos pantanosos, producía estragos. Es pues un numen maléfico al que se intentaba transformar en benigno. Existió un santuario muy antiguo del mismo en el Palatino, otro en la meseta del Esquilino, donde se ofrecía cementerio para los esclavos y gente humilde, y otro en la cabecera del Valle del Quirinal, donde se producían filtraciones acuosas, así como algunos manantiales.

Februo

En latín *Februus*. Se le atribuye la consagración del mes de febrero. Con el tiempo se identificó con Plutón, dios de ultratumba. Por eso, durante el mes de febrero se purificaba la ciudad, realizando sacrificios y ofrendas a los difuntos para aplacarles. Estas fiestas llevaban el nombre de *Februalia* = Purificaciones. Los mitólogos interpretan a Februo como la personificación de esta fiesta, del rito que le confería su auténtica eficacia.

Ferentina

Ninfa latina que tenía bajo su protección una fuente y un bosque sagrado cuyo emplazamiento en la actualidad se desconoce. La Liga Latina realizaba ceremonias y culto en su santuario.

Fides

Significaba en Roma la personificación de la Palabra Dada. Se la representaba como una anciana de cabello blanco, incluso con mayor edad que el propio Júpiter, dando a entender que el respeto a la palabra dada es la base de cualquier orden político y social. Cuenta la tradición que la nieta de Eneas consagró en el Palatino un templo a la diosa. Cuando se le ofrecían sacrificios había que envolverse la mano derecha en una tela blanca.

Filotis

Cuando los galos saquearon la ciudad de Roma y después se retiraron tras obtener un cuantioso botín, los latinos se aprovecharon de la debilidad de la ciudad para intentar atacarla. A tal efecto, Livio Postumio, al frente de un ejército latino, acampó junto a las murallas romanas y exigió a sus habitantes que le entregasen sus hijas y sus viudas para fortalecer —según ellos— los lazos ancestrales que unían sus pueblos. Al parecer todo era una trampa.

Entonces una esclava por nombre Filotis se brindó a ir al campamento latino con otras compañeras camufladas de mujeres libres. Durante la noche y cuando se hallaban ya con el enemigo, Filotis realizó una señal convenida con una lámpara, entonces los romanos salieron de la ciudad e hicieron una gran matanza de latinos.

En conmemoración de este lance se celebraban las Nonas Capratinas o Nonas de la Higuera (por haber escondido la lámpara en una higuera antes de la señal). En aquel día todo el mundo salía en tropel y se interpelaba con toda clase de adjetivos; se ofrecían banquetes a las mujeres en cabañas exprofeso fabricadas con hojas de higuera. Las esclavas se paseaban en libertad y se lanzaban piedras que simbolizan su participación decisiva en la lucha contra los latinos.

Fons

Se trata de una divinidad relacionada con las fuentes. Se le llama también Fonto. Algunos afirman que era hijo de Jano, pero no hay prueba de ello en ninguna leyenda. Se le había erigido un templo en Roma, quizás en la puerta del muro de Servio, la *Porta Fontinalis.* Al pie del Janículo se mostraba un altar consagrado a Fons, cerca de la tumba atribuida a Numa. Su fiesta era la Fontinalia, es decir la de los manantiales.

Fornax

Divinidad protectora del horno en donde se cocía el pan. Su fiesta era las *Fornacalia*.

Galeso

Era un súbdito del rey Latino, que intentó poner paz entre éste y los troyanos conducidos por Eneas, cuando el hijo del héroe troyano, Julo, mató una cierva mansa. La mediación no dio resultado y en ella murió el propio Galeso.

Garano

Alguien lo hace seudónimo de Hércules porque le atribuye la muerte de Caco, el famoso bandido.

Genios

En la mitología romana, los *Genii* son unos seres inmanentes a cada individuo y a cada lugar, así como a cada entidad o grupo social; simbolizan su ser espiritual. Su misión es conservar la existencia de la persona a quien protegen, naciendo junto a ella. Intervienen de forma harto oscura en su nacimiento y actúan de presidente en los matrimonios. Otro «genio» de cada uno es una fuerza interior que genera optimismo. Como puede comprenderse, los genios de los emperadores constituían una fuerza colosal que estaba por encima de los particulares de cada uno de sus súbditos. Con el tiempo, los *genios* se identificaron con los *Manes* y adquirieron así la inmortalidad.

Los dioses no pudieron hurtarse a poseer su genio. Así el de Júpiter, el de Marte, etc. Su correspondencia femenina era una *Juno*. Naturalmente, en nuestra lengua ha quedado como recuerdo el término *genio, tener genio*, es decir, tener fuerza, empuje, ira, enfado, etc. (tener mal genio).

Gracias

Se trata del nombre latino de las *Cárites*, hijas de Júpiter y de Juno. Representaban las cualidades y virtudes que hacen amables a los hombres, así como la belleza existente en la naturaleza y en todas las cosas. En general eran tres, aunque en Grecia según los lugares nada más fueron dos. Representaban el Esplendor, la Alegría y la Prosperidad. Se las tenía por jóvenes bellísimas, llenas de encanto y delicadeza. Los artistas las plasmaron generalmente desnudas y adornadas con guirnaldas de flores. Es famoso el cuadro *La Primavera*, del pintor florentino renacentista Botticelli (Galería de los Uffizi, Florencia), en el que aparecen las tres Gracias, y el del flamenco Pedro Pablo Rubens, gran pintor del siglo XVII, titulado simplemente *Las tres Gracias*, que se conserva en el Museo del Prado. Sorprende en nuestro tiempo la estética de gordura que confiere el gran pintor a sus personajes femeninos.

Haleso

Según algunas leyendas era compañero de Agamenón e incluso hay quien afirma que era hijo legítimo del feroz caudillo aqueo. Habría arribado a las costas de Etrutia en la época de la fatal guerra troyana y allí habría fundado la población de Falerios, habitada por los faliscos. Hay quien dice que era hijo de Neptuno y que con él se relacionaría el rey de la ciudad de Veyes, Morrio, quien en su honor instituyó probablemente el *carmen saliare* (canto primitivo entonado por los hermanos Salios en el transcurso de ciertas ceremonias realizadas en la propia Roma).

Oriundo de Argos y descendiente de Agamenón, Haleso era naturalmente rival de Eneas, por eso ayudó al pretendiente Turno y resultó muerto por Palante.

Hersilia

Era una de las más nobles de las mujeres sabinas raptadas por los romanos, la única, según Plutarco, que estaba casada con un tal Hostilio, muerto en la guerra desatada entre los dos pueblos. En otra versión se dice que había casado con un tal Hostilio, compañero del propio Rómulo, a quien dio un hijo, Hosto Hostilio, padre de Tulio Hostilio. Su papel fue muy activo en el restablecimiento de la paz entre los romanos y sabinos.

Todavía una última tradición la hace esposa del mismo Rómulo, del que tuvo dos hijos: Prima, una niña, y Anlio o Avilio, un varón.

Tras la apoteosis de su esposo, fue arrebatada también a la mansión celestial de los dioses con el nombre de *Hera Quirini*, asociándose al culto del fundador de Roma, que después de su muerte se asimiló al del dios Quirino, del que derivó el nombre de la colina romana del Quirinal.

Honos

El Honor es entre los romanos la personificación de la virtud moral, como *Virtus* lo es del valor guerrero. Honos poseía varios templos en la propia Roma.

Horacios

Del combate entre los tres Horacios, campeones de Roma, contra los tres Curiacios, representantes de Alba, ya hemos hablado por considerarlo con un fondo histórico, aunque algunos mitólogos lo relacionan con un antiquísimo mito de iniciación que se halla en las leyendas célticas.

Otra leyenda dice que una vez librado un combate entre los etruscos y los romanos, como éste estuviera muy igualado, nadie se daba ni por vencedor, ni por vencido. Entonces oyeron una misteriosa voz que decía: «¡Los etruscos han perdido un hombre más, los romanos son los vencedores!» Presos de pánico, los etruscos abandonaron en vergonzosa fuga el campo de batalla. Quien así había hablado era un tal Horacio, héroe honrado en el bosque de Arsia.

De Horacio Cocles o el Tuerto, defensor del puente que unía la orilla derecha del Tíber con Roma, también nos hemos referido en las leyendas.

Ilia

Se la hace sinónima de Rea, la madre de Rómulo y Remo, aunque algunos mitólogos las disocian, si bien hacen a las dos madre de los dos gemelos. Según unos, el nombre de Ilia, correspondería a las leyendas en las que la madre de Rómulo es hija de Eneas y Lavinia. Al parecer, cualquier finalización que le quiera dar la leyenda es la misma.

Rea-Ilia tiene siempre de Marte a los dos gemelos y el malvado Amulio que la había consagrado a Vesta para que no pudiera tener descendencia, la encarcela o la arroja al Tíber de forma que el dios del río la salva y, tras ser divinizada, se casa con ella.

Íncubos

Genios que durante la noche visitaban a los durmientes y, posándose sobre el pecho, les infundían terribles pesadillas y en ocasiones fecundaban a las mujeres dormidas, teniendo éstas como fruto nuevos íncubos o monstruos reales. Eran plasmados por los artistas con un gorro cónico, que solían perder en sus diabluras. Si alguien encontraba a uno de estos gorros se hacía rico, porque poseía el poder de descubrir los tesoros, por ocultos que estuvieran.

Isla Tiberina

Expulsados los Tarquinios, la parte norte de la ciudad fue consagrada a Marte, que con el tiempo sería el famoso Campo de Marte. Pero en la época de la siega el trigo allí germinado no podía consumirse por estar el lugar consagrado al dios. Entonces se decidió tirarlo al río, como éste bajara con poca agua, las gavillas quedaron estacionadas en un remanso formándose con ellas la Isla Tiberina, junto al Palatino. Otra versión dice que el Campo de Marte pertenecía a la vestal Tarquinia, que lo había consagrado voluntariamente a la divinidad guerrera.

Justicia

En latín Iustitia. Personificaba en Roma la Justicia, no en el sentido de Ley como en Grecia, sino más bien en el de orden, equidad, tal como se vivía en la mítica *Edad de Oro.* Cuando los crímenes de la Humanidad hicieron huir a la Justicia de la Tierra, donde convivía con los mortales, marchó al cielo y se metamorfoseó en la constelación de la Virgen.

Juventus

Diosa de la juventud que protegía a los adolescentes cuando vestían la toga viril y dejaban de ser *pueri* = niños. Su culto era incluso más antiguo que el de la tríada capitolina, puesto que su capilla ya existía cuando se erigió, englobándola la cella del santuario de Minerva. Con el tiempo fue asimilada a la Hebe griega sin perder los caracteres singularmente romanos. Los emperadores estimularon el culto a Juventus para integrar a los jóvenes en formaciones premilitares en las que asentar su poder. Al tomar la toga viril, los jóvenes depositaban una moneda en el altar consagrado a la diosa.

Lara

O *Lala*, «la charlatana». Júpiter, enamorado de Yuturna, era desdeñado por ésta. El dios solicitó a las ninfas que le ayudaran a conseguirla.

Todas estuvieron de acuerdo, excepto Lara, que descubrió a Yuturna las intenciones de las ninfas de retenerla cuando intentara saltar al agua perseguida por Júpiter y fue a decírselo a la propia Juno. Júpiter monta en cólera y arranca la lengua a Lara, confiándola a Mercurio para que la lleve al reino de los muertos, en donde pasará a ser la ninfa de las aguas de la mansión subterránea. De camino, Mercurio la forzó, y fruto de ello fueron dos hijos gemelos: los dioses Lares.

Lares

Dioses romanos de indudable origen etrusco a los cuales ya nos hemos referido. Protegían las encrucijadas y los hogares. Ovidio los asimila a ser hijos de Lara y Mercurio, para mostrar que los Lares poseen funciones análogas a las del dios. Se narra también que cierto día en que una esclava de Tanaquil, esposa de Tarquinio, se hallaba junto al hogar, se elevó prodigiosamente de su interior un falo de ceniza que fecundó a la esclava. De esta unión nacería el futuro rey, Servio Tulio.

Los artistas representaban a los Lares como dos adolescentes con el cuerno de la abundancia en una mano y cimbreándose de forma grácil sobre la punta del pie, como si realizaran un paso de danza. Como la agilidad es una de sus cualidades, sus vestiduras son cortas para facilitar los movimientos.

Latino

Hijo de Fauno y la ninfa Marica, en cuya genealogía figuran los dioses más importantes de la antigua religión de los romanos. Era rey del Lacio cuando Eneas arribó a sus costas y en Laurento, la capital, se hallaba su palacio, en donde vivía con su esposa y su única hija Lavinia. Como sucedieran extrañas señales, fue a consultar al oráculo de su padre Fauno. Éste le reveló que llegaría un extranjero que casaría con su hija. Cuando llegó Eneas, Latino lo acogió con benevolencia, sabedor del oráculo. La diosa Juno se entrometió y atizó el odio entre troyanos y latinos. Su rey hizo lo posible para evitar el choque, ya que se daba cuenta de que no se podía torcer el Destino. Latino se negó en redondo a abrir las puertas del templo de Jano, que significaba la apertura de las hostilidades, y tuvo que ser Juno la que lo hiciera. Todavía Latino intentó disuadir a Turno de su enfrentamiento en combate con Eneas, porque conocía lo que los dioses habían decretado. Finalizada la guerra, Eneas se casó con Lavinia y, al morir Latino, le sucedió en el trono del Lacio. En recuerdo de Latino, los indígenas o aborígenes que habitaban aquella región se denominaron latinos.

Lavinia

Hija de Latino, rey del Lacio, y de la reina Amata, quienes la habían prometido en matrimonio a Turno, soberano de los rútulos. Sabedor su padre por el oráculo de que su hija estaba destinada a un príncipe que arribaría de lejanas tierras y que junto con ella originarían una estirpe que dominaría al mundo, al llegar Eneas a Italia se dio cuenta que era el yerno destinado para su hija y le concedió la mano de Lavinia, pero el matrimonio no pudo celebrarse hasta que Eneas venció en duelo a Turno. En honor de Lavinia se fundó la ciudad de Lavinio, primer núcleo del futuro imperio romano.

Lemures

Fantasmas de los muertos a los que se conjuraba en la fiesta de las *Lemurias* (9, 11 y 13 de mayo), fiestas que se celebraban por la noche. El padre de familia salía descalzo y arrojaba en la oscuridad habas para aplacarles, haciéndolo nueve veces sin mirar atrás. Los lemures se daban por satisfechos recogiendo la habas o alubias y se marchaban hasta el año siguiente.

Líber

Dioniso itálico con el que desde muy antiguo se identificó. En su honor se realizaban las *Liberalias*. Al igual que la mayoría de divinidades latinas primitivas, Líber no posee una mitología propia y aparece en los poetas como un equivalente de Dioniso.

Libitina

Diosa romana que velaba sobre las obligaciones para con los difuntos. Al sur de Roma, en la región del Aventino, poseía un santuario sagrado en donde se reunían los encargados de los entierros (libitinari). Al confundirse con *Libido* (la Pasión) esta divinidad quedó asimilada a Venus, pasando a ser un simple atributo de ésta.

Linfas

Divinidades de las fuentes, identificadas desde tiempos remotos con las ninfas. Se decía que trastornaban la mente de quien las veía.

Mamerco

Es el nombre itálico de Marte: *Mamers*. Una leyenda cuenta que el gran pensador Pitágoras tuvo un hijo llamado Mamerco, al que se le apodó Emilio, esto es, *el Afable*, por su carácter dulce. Sería el fundador de la *Familia Emilia*, prestigiosa estirpe romana. En otra versión se dice que era hijo del rey Numa, amigo de Pitágoras y muy inclinado hacia su doctrina.

Plutarco narra que Marte, metamorfoseado en pastor, se unió con Silvia, esposa de Septimio Marcelo; el dios concedió a Silvia una lanza, indicándole que de ella dependía la vida del hijo que daría a luz. Nació pues Mamers Mamerco (Hijo de Marte). Éste se enamoró de la hija de un tal Tuscino, muerto más tarde por su padre «humano» Septimio. Ceres, la diosa, envió a la región un monstruoso jabalí, quizá porque habían descuidado su culto. Mamers abatió en una cacería al peligroso animal, ofreciendo los despojos a su amada. Pero sus tíos maternos, dolidos porque no los había repartido entre su familia, le quitaron los trofeos por la fuerza. Mamerco, lleno de ira, mató a sus tíos. Entonces Silvia, llena de dolor por el violento fin de sus hermanos, arrojó la milagrosa lanza al fuego, aun a sabiendas de que ello comportaba la muerte de su hijo.

Mamurio

El cielo premió la buena disposición del rey Numa con un escudo sagrado, símbolo de la victoria que acompañaría a la ciudad de Roma. Numa, para evitar que se lo robaran, hizo fabricar por el osco Mamurio once escudos iguales al sagrado. El forjador de ellos sólo solicitó a cambio que lo mencionaran en los cantos de los *hermanos salios*, que entonaban en la solemne procesión de los escudos o consagración de las ancilas = escudos. El rey estuvo de acuerdo con esta pequeña petición.

No sabemos si después Mamurio se arrepintió y solicitó un mayor pago, realizó un trabajo incompleto o defectuoso o bien intentó apoderarse del escudo maravilloso. Lo cierto es que en Roma existía una fiesta durante la cual se azotaba a un anciano con unas varitas blancas y era expulsado violentamente de la ciudad. Este anciano simbolizaba a Mamurio y las fiestas, las *Mamuralias*, tenían lugar el 14 de marzo.

Manes

Almas de los muertos, a los cuales ya nos hemos referido. Se les llama *manes* = los benévolos, para con esta lisonja evitar que hicieran daño. Se les ofrecía vino, miel, leche y flores. Les estaban consagradas las fiestas de la *rosaria* o *violaria*, en la que se colocaban en las tumbas rosas o violetas, y las *parentalies*, del 18 al 21 de febrero. A veces se atribuía a los manes un antepasado común, la Madre de los manes o diosa Mania, su culto se mezclaba con el de la fiesta de los *Lares*.

Marica

Según Virgilio, se trata de una ninfa que vivía en el Lacio, madre del rey Latino y esposa del rey Fauno. También se dice que era la propia Circe divinizada (la famosa maga que encantó a los compañeros de Ulises para poder gozar del amor de éste).

Mater Matuta

Su templo estaba emplazado en el Foro Boario de Roma. Se trataba de la diosa de la mañana o de la aurora y su fiesta, llamada la *Matralia*, tenía lugar el 11 de junio. Las mujeres casadas una sola vez y cuyo marido todavía vivía, podían acceder al culto de esta divinidad, no así las esclavas, a las que se les vedaba terminantemente.

Nixas

En el Capitolio romano podían verse tres estatuas femeninas que representaban a las tres diosas Nixas. Como estaban en posición arrodillada se decía que, al hallarse en la capilla de la Minerva capitolina, simbolizaban el esfuerzo de las mujeres cuando dan a luz.

Ops

Diosa romana de la abundancia relacionada con Saturno.

Orco

Se trata de un demonio que simboliza la muerte en forma de gigante barbudo e hirsuto. Con el tiempo este dios etrusco se identificó con Plutón, pero el nombre de Orco permaneció en el lenguaje familiar.

Palanto

Según una versión singular, citada por el escritor Varrón, sería una hija de un Hiperbóreo, pueblo mítico situado «más allá del viento del norte», que tuvo de Hércules un hijo que con el tiempo sería el rey Latino. De esta forma, quedaba explicado el origen del nombre del monte Palatino.

Pales

Genio romano que protegía los ganados y poseía la cualidad de cambiar de sexo. Sus fiestas tenían lugar el 21 de abril, las *Parilia*. En ellas se encendían enormes hogueras en honor de la divinidad y los pastores saltaban por encima de ellas. Quizá Parilia sea una corrupción de *palilla* = paja. Se decía también que el verdadero mentor de las Parilia era el propio Rómulo y asimismo se le relacionaba con el de Palatino: *Pales* = Palatino. En definitiva era un *numen* de la vida pastoral sin leyenda propia.

Parcas

Son las *Moiras* romanas identificadas con el Destino de los hombres. En su origen quizá fueran unos demonios del nacimiento. Hilan la vida de cada ser humano y la limitan a su arbitrio. Son también tres hermanas: una preside el nacimiento, otra el matrimonio y la tercera la muerte. Tres estatuas denominadas los tres Destinos o Hadas (tria Fata) eran simbolizadas en el Foro romano.

Pax

Abstracción divinizada de la Paz. Octavio Augusto ordenó la erección de un altar en Roma para simbolizar la consecución definitiva del orden que, según él, jamás volvería a ser roto. De aquí la famosa «Pax Augustea» o «Pax Romana». Después Vespasiano y Domiciano le consagraron un templo en el Foro, al que se le denominó de la Paz.

Penates

Divinidades romanas que, al igual que los *lares*, protegen el hogar. De esta forma se asocian al culto de Vesta. A diferencias de los lares, durante mucho tiempo se trató de poderes invisibles. El Estado romano, a semejanza de cada hogar, poseía sus penates «importados», al parecer, por Eneas a Italia. Su plasmación eran dos estatuas de jóvenes sentados a los que se les había erigido un santuario en la colina Velia en Roma.

Pico

Antiquísimo soberano del Lacio del cual ya hemos hablado.

Pietas

Simple abstracción, se trata de la piedad o caridad filial, paternal, con el prójimo, para con los dioses, etc. A comienzos del siglo II a.C. se le erigió un templo en la falda del Capitolio, entre la colina y el río Tíber. Después, en las monedas, su efigie pasó a simbolizar las «virtudes morales del soberano reinante».

Pilumno

Divinidad romana protectora de los recién nacidos contra los maleficios del demonio Sivano. Sus colaboradoras eran las diosas Intercidona y Deverra. Pilumno al parecer deriva del mazo con el que se golpeaba la puerta al nacer un nuevo ser, al que se acompañaba de los hachazos simbólicos en honor de Intercidona y los escobazos o barridos propios de Deverra. La procedencia campesina de esta tríada es evidente: el hacha sirve para derribar los árboles, el mazo para aplastar el grano y la escoba para barrer la era donde se trillan los cereales.

Virgilio dice que Pilumno era el abuelo de Turno y padre de Dauno.

Pistor

Hallándose el capitolio asediado por los galos, Júpiter aconsejó a los romanos que echasen a los sitiadores lo más preciado que tenían. Como los romanos pasaban mucha hambre y dependía su supervivencia de los cereales, segaron éstos, hicieron unos panes redondos y los lanzaron como proyectiles contra los enemigos. Éstos, al ver que los romanos desperdiciaban así la comida, creyeron que estarían muy bien abastecidos y levantaron el campamento. Los romanos, agradecidos, erigieron un altar a *Júpiter Pistor,* es decir el panadero.

Portuno

En su origen dios de los «pasos», transformado después en protector de los puertos marinos. Sus fiestas, dirigidas por un flamen o sacerdote, se realizaban el 17 de agosto, las *Portunalia*. El templo se hallaba emplazado en el Foro Boario, junto al puerto romano. Se le asimiló al dios Palemón.

Próculo

Julio Próculo era un albano a quien Rómulo se le apareció después de su *apoteósis* o conversión en dios y le comunicó el deseo de que en adelante fuera venerado con el nombre de *Quirino*, levantándole un templo en el Quirinal.

Proserpina

Diosa de los Infiernos asimilada pronto a la Perséfone helénica. Al parecer, originariamente fue una divinidad agraria que protegía la germinación. Su culto fue introducido hacia la mitad del siglo III a.C., junto con el de *Hades* = Plutón.

Ratumena

Tarquinio el Soberbio encargó a unos modeladores de la localidad de Veyes un carro de terracota para colocarlo en la cima del templo de Júpiter Capitolino, que se estaba construyendo. Cuando se estaba cociendo en el horno, el prodigio sucedió, puesto que el carro de arcilla comenzó a crecer hasta tal extremo que se tuvo que destruir el horno con el fin de sacarlo. El oráculo vaticinó que quien poseyera tan extraordinario artilugio tendría la prosperidad para siempre. Así pues, los de Veyes resolvieron guardarlo, aludiendo que como Tarquinio había sido expulsado del trono y el carro era de su linaje, ya no tenían porque darlo a los romanos.

Poco después, se celebraron en Veyes unos juegos. Un tal Ratumena había sido el triunfador de la carrera. Mientras era coronado con la corona de laurel como vencedor, sus caballos partieron a toda velocidad hacia Roma con el infortunado auriga, que no pudo pararlos. Atravesó una puerta que, desde entonces recibió el nombre de Ratumena, y lanzaron al infeliz conductor al suelo, muriendo instantáneamente. Los caballos continuaron su veloz carrera hasta detenerse en la puerta del templo de Júpiter Tonante, símbolo claro de que le ofrecían la victoria. De esta forma, los de Veyes, asustados, entregaron enseguida el famoso carro a los romanos como prueba de que les pertenecía.

Robigo

Es una divinidad femenina que va acompañada del Robigus masculino. Son dos genios que protegen el cultivo del trigo. En su honor tenía lugar en Roma, el 25 de abril de cada año, una fiesta. Se les dedicaba un bosque sagrado en la 5ª milla de la Vía Clodia, al norte de Roma, del otro lado del puente Milvio. No hay que confundirlos con el temible *Robigus*, numen del óxido y el enmohecimiento, incluso del trigo.

Roma

Una serie de extrañas leyendas hacen a Roma o Rhome, derivado del vocablo griego que significa fuerza, una heroína epónima de la ciudad del mismo nombre, lo cual haría que Rómulo no hubiera sido el que le diera su nombre. También se habla de un héroe llamado Romo, que en algunas leyendas es hijo de Roma, esposa del rey Latino. Rómulo sería un hermano suyo. Se trata de historias aberrantes que han hecho olvidar la verdadera leyenda de Rómulo y Remo.

Sabo

Hijo del dios romano Sanco, sería el héroe epónimo de los sabinos. En otras versiones Sabo es un espartano, quizá de origen persa, establecido en la actual Rieti.

Salus

Personifica la salud y la conservación. Su templo se hallaba en el Quirinal. Se asimiló pronto a Higia, la hija de Esculapio.

Sanco

Divinidad instaurada en Roma por los sabinos, al que en algunas versiones se considera padre de Sabo, héroe epónimo de los sabinos.

Seresto

Compañero de Eneas. Una tempestad aleja la nave comandada por él y puede volver a reunirse con Eneas en Cartago. Marcha en secreto con la flota cuando el héroe troyano decide abandonar a Dido. Lugarteniente de Eneas en la lucha contra Turno, tiene un papel destacado.

Sergesto

Otro compañero de Eneas al que le suceden unas peripecias semejantes a las de Seresto. En las regatas en honor de Anquises es el patrón del *Centauro*. También tiene un papel sobresaliente en el combate contra Turno.

Silvano

Protector de los bosques, se confunde con Fauno y se le identificó pronto con el dios griego Pan.

Silvio

Hijo de Eneas y Lavinia, su nombre recuerda el del bosque, en latín *silva*. Dio su nombre a todos los monarcas de Alba. Ascanio le había cedido el trono en Lavinio y marchó a fundar Alba. Al morir, tras treinta y ocho años de reinado, cedió el trono de Alba a Silvio, que reinó durante veintinueve años y fue sucedido por su hijo Eneas, del mismo nombre que su abuelo. A continuación vendrían Latino, Alba, Cálpete, Tiberino, Agripa, Alades, Aventino, Procas, Amulio y Numitor, bajo cuyo reinado ocurrió la fundación de Roma. Como es natural, toda esta lista es legendaria.

Sol

Adorado por los sabinos, que trajeron su culto a Roma, junto con el de la Luna. Su mentor fue el monarca sabino Tito Tacio. Los emperadores de la familia Aurelia (los Aurelios) se sentían descendientes del Sol, a quien rendían un culto especial.

Sorano

Divinidad venerada en la cima de la montaña llamada Soracte, en la parte septentrional de Roma. Se le considera un Apolo, tal como lo menciona Virgilio.

Tacio

Según la leyenda se trata del segundo soberano de Roma. Era sabino, nacido en la ciudad de Cures. Primero fue enemigo de Rómulo por el famoso «rapto de las sabinas», que ya hemos narrado. Cuando llegó la reconciliación y romanos y sabinos constituyeron un solo pueblo, acordaron que se repartirían el poder de la nueva ciudad fundada en recuerdo de la cuna de Tacio. Rómulo residió en el Palatino y Tacio en el Capitolio. Pasaron cinco años, al cabo de ellos, algunos parientes de Tacio intentaron robar a unos embajadores y finalmente les mataron.

Rómulo quiso castigar esta ofensa, pero Tacio se lo impidió, los amigos de las víctimas le atacaron y dieron muerte. Rómulo tributó a Tacio solemnes exequias, enterrándolo en el Aventino, pero no tomó ninguna medida contra sus asesinos, porque creyó que la justicia ya estaba cumplida.

Talasio

Era un compañero de Rómulo que, cuando el rapto de las sabinas, uno de los criados de aquél se había apoderado de una joven bellísima y como todos la codiciaran se abrió paso gritando: ¡Es para Talasio! Vivieron muy felices y por ello desde entonces, al entrar el novio con su esposa reciente en el umbral del nuevo hogar, gritaba: ¡Es para Talasio! como símbolo de buen augurio.

También se decía que el término *talasio* (en latín *talassio*), con el significado de trabajo de la lana, indicaba que las mujeres unidas a los romanos no realizarían ningún trabajo servil, sino tan sólo «hilar la lana».

Tarquecio

Rey de Alba, en cierta ocasión surgió milagrosamente del suelo un falo. Consultada la diosa Tetis, le manifestó que una doncella debía unirse a aquel prodigio y que el hijo que naciera sería un gran rey. Tarquecio ordenó a una de sus hijas tal unión, pero ésta, por reparo, hizo que tal acción la realizara una criada. Enterado Tarquecio, quiso matar a las dos jóvenes, pero Vesta se lo impidió. Sin embargo, Tarquecio cogió a ambas y las ató a una rueca de hilar, advirtiéndoles que podrían ser libres y casarse cuando terminaran cierto trabajo que por la noche iban deshaciendo las sirvientas mientras ellas dormían. Llegó el día en que la criada dio a luz dos gemelos. Confiados a un tal Teracio, éste los metió en una cesta y los abandonó en la orilla del Tíber. Llegaron a un remanso, a semejanza de Rómulo y Remo, fueron criados por una loba y cuando llegaron a mayores, destronaron a Tarquecio y reinaron en Alba.

Tellus

Personificación en Roma de la Tierra Mater, la Tierra Madre, pronto identificada con la Gea helénica. En su origen hacía pareja con Tellumo, numen masculino. A veces ocupa también el lugar de Ceres-Deméter.

Tiburno

Héroe epónimo fundador de la ciudad latina de Tibur, en la actualidad Tívoli. Según algunas versiones, era de origen tebano, hijo del héroe Anfiarao. Tiburno, con sus hermanos, fallecido el padre, llegó a Italia para colonizar.

Tirro

Pastor que acaudilla a los pastores latinos para vengar la muerte de la cierva sagrada muerta por el hijo de Eneas, Ascanio. Fallecido el héroe troyano, Lavinia será acogida por Tirro con el fin de dar a luz a su hijo Silvio, evitando así los celos y envidia de su yerno.

Virbio

Según una leyenda era el propio Hipólito, el malogrado héroe hijo de Teseo, que había sido trasladado por Diana a Italia. *Virbio* = *Vir*, hombre; *bis* = dos veces; el que ha sido hombre dos veces. Mas probablemente era un genio cuyo culto se hallaba unido al de Diana en el bosque sagrado de Nemi (Aricia), tal como ya ha sido expuesto al hablar de la diosa Diana.

* * *

EL CALENDARIO

La vida religiosa, política y civil de los romanos se regía por un calendario de importación etrusca o pre-etrusca. Nos ha llegado hasta nosotros en gran parte, esculpido en piedra, bien que estos fragmentos datan de los últimos años republicanos y primeros tiempos imperiales. La tradición atribuye a Numa, el piadoso rey, el establecimiento de las bases del calendario. Por eso, los citados restos toman el nombre de dicho monarca: Calendario de Numa. Los elementos solares provendrían de Babilonia y los lunares de los pueblos itálicos. La coordinación final la habrían llevado sacerdotes de origen etrusco.

Para ayudarnos a reconstruir la agenda estatal de festividades religiosas de la antigua Roma, contamos también con otra fuente de incalculable valor. Se trata de los *Fastos* (Fasti) del poeta Ovidio (43 a.C. - 17 d.C.), un largo poema de 4.772 versos en el que describe mes a mes y día a día las festividades romanas de la primera mitad del año. Su plan era terminarlo, pero por circunstancias desconocidas nunca lo hizo.

En los tiempos primitivos los romanos poseían un año de diez meses. Pero no es que dividieran el año decimalmente (de diez en diez meses, cada uno de los cuales dividido de diez en diez días, décadas en lugar de semanas), sino que calculaban diez meses desde marzo a diciembre e ignoraban los meses *muertos* de enero y febrero.

Así, el año romano primitivo se «iniciaba» en el mes de marzo, Mars, dedicado a Marte, a continuación venía abril, *Aprilis*, derivado de *aperire* = abrir, porque la tierra «se abre en este mes». Entonces venía mayo, dedicado a *Maia*, una diosa antiquísima quizás esposa o compañera de Vulcano. Seguía junio, consagrado a la deidad etrusca *Uni* o Juno. Los restantes meses se trataba de numerales: *quintilis* y *sextilis*, quinto y sexto, después desde septiembre a diciembre del séptimo al décimo. En la época imperial, *quintilis* y *sextilis* fueron sustituidos por *julio* y *agosto* en honor de Julio César y de Octavio Augusto.

Los etruscos introdujeron *enero* y *febrero*, dando así vida a los meses *muertos*. Enero estaría dedicado a *Janus* (Jano) el dios de las puertas, de las entradas, pero, expulsada la dinastía etrusca a fines del siglo VI a.C., este plan fracasó y el primero de marzo continuó siendo el primero del año hasta mediado el siglo II a.C.

El mes de febrero se consagró a *Februus* o *Februs* (Februo), dios de los muertos, identificado más tarde con Plutón. Personificaba el rito de purificación, realizado sobre los difuntos para que no hicieran daño, o molestaran.

Este calendario era lunar. Marzo, mayo, quintilis y octubre eran de 31 días, febrero de 28 y los restantes de 29, sumando en total 355 días. Como doce lunas no llegan a sumar el año solar, para tener aproximadamente el calendario en relación con el año solar, se intercalaba de cuando en cuando un mes, colocándolo entre el 23 y el 24 de febrero.

Julio César, que como Pontífice Máximo era responsable del calendario, advirtió que el año oficial había sobrepasado en tres meses el año solar. Para subsanar esto, encargó entre el 46 y el 45 a.C., al matemático griego Sosígenes, la adecuación de un calendario egipcio comprobado. Esta reforma dio como resultado el *Calendario Juliano* (de Julio César, su impulsor), usado todavía en ciertas iglesias orientales y en el Occidente europeo hasta 1582, año en que el Papa Gregorio XIII, lo corrigió y es el que todavía utilizamos en la actualidad.

El mes lunar tenía tres puntos señalados: *calendae*, el primer día (de donde viene la palabra *calendario*); *dies* (idus), la luna llena, y *nonae*, a medio camino, llamado de esta manera porque se trataba del día noveno, contando desde la luna llena inclusive.

Se llamaba *calendae*, o avisos, el primer día porque en este día los pontífices, utilizando una fórmula ancestral, avisaban desde el Capitolio si las *nonae* caerían el séptimo o el noveno día del mes, variación impuesta por la variación de duración de los meses. Así se fijaban los días de luna nueva, cuarto creciente y luna llena. Los famosos *idus*, recordados por el asesinato de Julio César (los idus de marzo del año 44 a.C.) correspondían al día 15 de marzo, mayo, junio y octubre; el 13 en los meses restantes.

Las festividades

Imperfecto, confuso, inexacto o no, el calendario introdujo un orden definido en las prácticas religiosas de los romanos considerados como cabezas de familia o como miembros de la misma y como ciudadanos romanos.

Actuaba pues como una agenda en la que existían 235 días *fasti* (fastos), hábiles, en los cuales se podían realizar negocios y administrar justicia, y 109 *nefastos* (feriados o festivos, aunque no todos funestos o de mal agüero). Entre los días fastos se contaban los 192 comiciales, en especial propicios para la vida política. Existían también días mixtos, en los que sólo ciertas horas eran nefastas.

En el mes de marzo, hacia el 23, los hermanos *Salios*, sacerdotes saltadores de Marte, bailaban su danza blandiendo las espadas y golpeando los escudos sagrados llamados *ancilia*, cuyo original se decía que había caído del cielo. Los sacerdotes iban vestidos como los antiguos guerreros latinos y el objetivo de la danza, en la que se invocaba no solamente a Marte sino también a Saturno, dios de la siembra, era doble: hacer huir a todos los espíritus malignos que habían entrado en la ciudad durante el invierno y, con los saltos, simular el crecimiento mediante la denominada magia simpática o imitativa.

El día 19 se purificaban los escudos y el 23 las trompetas. El 14 lo hacían los caballos del ejército. Así pues, las espadas, escudos y caballos, la base militar, se ponían en buen orden espiritual-religioso durante el mes de marzo, consagrado a Marte. El 27 de febrero existían una purificación previa de los caballos. El 24 existía una festividad denominada *huida del rey* (¿el último rey, Tarquinio el Soberbio?).

Con la llegada del octubre se terminaba la estación bélica y era necesario someterse a un segundo proceso de purificación. El día 19 los Salios plantaban los escudos para significar que se había terminado el período de las acciones militares.

El mes de abril se hallaba más relacionado con la agricultura. El día 15 se sacrificaba una vaca preñada a *Tellus*, la diosa Tierra y se incineraba el ternero nonato, con el probable fin de asegurar la fertilidad de las semillas. El 19 la fiesta era a la diosa Ceres. El 21 a Pales, el antiquísimo dios rústico que había precedido incluso a la fundación de Roma. Se trataba de una purificación del ganado antes de que marchara a pastorear, a semejanza de lo realizado con el ejército antes de

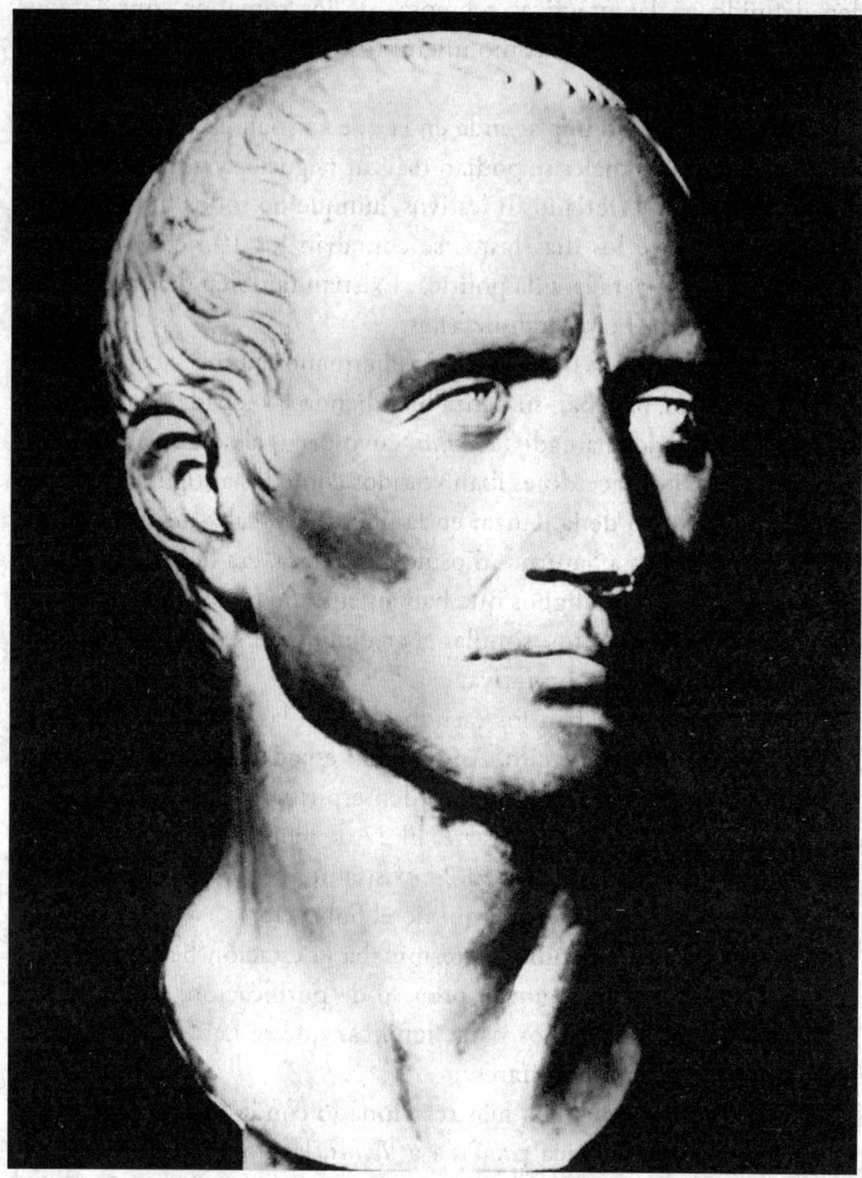

Cayo Julio César, precursor de la grandeza iimperial romana y magnífico historiador de sus campañas.

salir para una campaña.

Como se creía que Roma había sido fundada aquel día 21 de abril del 753 de nuestra Era, el 21 de abril era día grande para la ciudad. El 23 se buscaba la protección para las viñas (fiestas vinalias) y el 25, cuando se iniciaba la formación de la espiga, se invocaba formalmente al Róbigo malo para que no perjudicara.

Al término del mes de mayo se purificaba la totalidad de lo que se denominaba el *campo romano* o dominio del Estado. La ceremonia corría a cargo de los hermanos *Arvales*, cuya misión era llevar la fertilidad a los campos. Se trataba de una fiesta móvil, que dependía del tiempo atmosférico y el tiempo real solar; por esto no figuraba en el calendario oficial.

Los días 14 o 15 de mayo una solemne procesión visitaba las 27 capillas de la ciudad, llamadas Argeos, en donde recogían muñecos de paja que probablemente se habían colocado dos meses antes; como 27 era tres veces 9 tenía un significado mágico. Los pontífices, las vestales, los pretores y todos los ciudadanos que podían asistir a estas ceremonias legalmente, llevaban estos muñecos al Puente Sublicio, puente de madera debajo del Palatino, única comunicación entre las dos orillas que había defendido el héroe Horacio Cocles. Inmediatamente después del sacrificio arrojaban los muñecos al Tíber. De esta manera se lanzaban hacia el mar todos los males acumulados el año anterior o bien se pacificaba al dios río por el hecho de que aquel puente ahorraba a las gentes tener que mojarse en él para pasar a la otra orilla o bien ahogarse en él mismo, lo cual equivalía a robar una presa a la divinidad. Con esta interpretación se relacionaría la palabra *pontifex* (pontífice), literalmente hacedor de puentes, por eso eran los encargados-penitentes, como culpables que eran, de intentar aplacar al dios río.

En junio, la tarea más importante de las fiestas era la limpieza de la despensa de Vesta, para prepararla para recibir el grano de la nueva cosecha. Las festividades de las cosechas se iniciaban en agosto: las *consualias*, el 21, y las opisconsivas, el 25, y se relacionan con el almacenaje de la nueva cosecha. En medio de las dos se hallaban las *vulcanalia*, para proteger a los pajares de los incendios y fuegos por accidente más frecuentes en tiempo caluroso.

El 17 de diciembre tenían lugar las *saturnales*. Saturno se relaciona con una raíz que significa *sembrar*. Poco antes se realizaban unas segundas consualias y unas opalia. Las *saturnales* terminaron siendo una alegre fiesta invernal que, olvidado su origen agrícola, servía para animar el espíritu poco antes del tiempo más crudo del año, y la fiesta cristianizada fue nada menos que nuestra Navidad.

El sacerdocio

En los tiempos más remotos, el supremo sacerdote de Roma fue el rey. Caída la monarquía, sus poderes religiosos los heredó el *rex sacrorum,* que siglos más tarde perdió su supremacía en favor del *pontífice máximo* y únicamente tuvo por misión proclamar las festividades, dirigir el culto a Jano, así como ciertos sacrificios.

Entre los sacerdocios más primitivos, atribuidos según la tradición al piadoso rey Numa, se hallaba el de los *flamines*, término derivado de *flamen*, proveniente de la misma raíz indoeuropea que la palabra sánscrita (lengua india sagrada desaparecida) *brahmán*. Los flamines llegaron a ser quince y cada uno se adscribió vitaliciamente a un dios. Los principales *flamines maiores* eran los de Júpiter, Marte y Quirino.

El de Júpiter era el más importante y recibía el nombre de *Flamen Dialis*. Se hallaba rodeado por una extraordinaria cantidad de tabúes que nos dejan conjeturar su origen ancestral. Así no podía comer ni beber nada fermentado (es decir, entre otras cosas ni pan ni vino) ni mirar armas, ni hombres armados o entregados al trabajo, ni cadáveres, ni tocar un caballo, un nudo o un anillo. Todo ello entre decenas de otras prohibiciones y deberes positivos. Tampoco les estaba permitido pasar una noche fuera de casa.

El sacerdocio romano era comparable a una magistratura, en cuanto significaba una forma de servir al Estado y no suponía una vocación ni una santidad especial. Su dedicación era vitalicia y constituían *colegios* (semejantes a los colegios profesionales de hoy día) especializados en aspectos específicos del culto.

Los cónsules representaban a la ciudad ante sus dioses y efectuaban los sacrificios públicos, presidiendo las festividades, inaugurando templos o consultando los auspicios. El *Paterfamilias*, por su parte, fue siempre el oficiante del culto doméstico.

Templo circular en el Foro Boario de Roma, dedicado a la diosa Vesta, en donde ardía el fuego inextinguible, símbolo de la eternidad del genio romano.

Disposición de un templo romano con atrio y pórtico; al lado un pequeño templo aislado. Reconstrucción. Ba' albek (Siria).

Así pues, los sacerdotes romanos tenían el carácter de mediadores necesarios entre los humanos y las divinidades, a la manera de peritos sagrados, expertos en el oficio de realizar el ceremonial formulista que constituyó el único lenguaje que sólo los dioses admitían.

El colegio más alto e importante de los sacerdotales fue el de los *pontífices* o «constructores de puentes», oficio remontado al de las invasiones itálicas, tiempo en el que tal saber técnico era de importancia transcendental para salvar los ríos y abismos cómodamente. Al llegar la época histórica no sabemos porque transformación se convierten en los supremos guardianes de la pureza de los ritos cumplidos tanto por los magistrados como por los particulares. Las autoridades tenían la obligación de consultarlos y seguir sus prescripciones en los casos de duda que se presentaran respecto de los deberes religiosos del Estado; su presencia en todas las ceremonias públicas constituía la plena garantía de la exactitud de las invocaciones, ofrendas y plegarias.

Los pontífices aumentaron de tres a quince, fueron elegidos primero por el propio colegio llenando las vacantes que se producían y después lo hicieron los comicios por tribus de entre los candidatos presentados por la corporación. A su cabeza se colocó el *pontifex maximus,* que pronto se convirtió en el principal jerarca religioso de Roma; sus atribuciones le llevaban a designar a los flamines, al *rex sacrorum* y a las vestales, y le estaban reservados exclusivamente diversos sacrificios. Custodiaba los *Libros Pontificios*, recopilación de plegarias y ritos, los *Grandes Anales* y los *Comentarios*, redactados por el colegio, que reunían los acontecimientos considerados importantes y la jurisprudencia juridicoreligiosa.

Los *augures* poseían como misión consultar la voluntad de los dioses y verificar su consentimiento antes de las reuniones de las asambleas para las elecciones o para tratar cualquier otro negocio público, según las diversas formas de adivinación, en especial de origen etrusco, y a las que nos referiremos en *el culto.* Explicaban el significado de los prodigios que después eran conjurados por los pontífices; se trataba pues de los intérpretes de las decisiones divinas.

Los *arúspices* se encargaban de la adivinación por medio del examen de las entrañas, *haru*, en etrusco, de los animales sacrificados. Se trataba de adivinos extranjeros entre los que se contaban verdaderos «especialistas» de origen generalmente etrusco.

De las seis *Vestales* ya hemos hablado en el lugar de la descripción de la diosa Vesta. Lo propio hemos realizado en su lugar con los *hermanos salios* —danzantes— sacerdotes de Marte, los arvales, los *lupercos*, que ejecutaban ritos primitivos con residuos de magia, acompañados de un latín tan arcaico que pronto fue incomprensible. Los *feciales* se ocupaban de la declaración de la guerra y de las conclusiones de los tratados de paz y alianza.

Por último los *sodalicios* eran fraternidades de origen gremial a las que, a fines de la república y con el imperio, el Estado encomendaba el culto a una determinada divinidad.

El culto

Los primitivos altares con los que se marcaban los lugares que se entendían frecuentados por los dioses cedieron pronto su importancia a los templos. Sin embargo, continuaron ofreciéndose culto en algunos altares aislados así como bosques y fuentes. Sea como fuere, el santuario pertenecía al dios y se debía limitar con exactitud por medio de un muro o un surco regular que se interrumpía por la entrada orientada hacia el oeste. Frecuentemente la piedad de los particulares levantaba altares callejeros, únicamente preparados para el culto público si los pontífices los dedicaban al dios.

La ceremonia del culto se componía básicamente de dos elementos, la *oración* y el *sacrificio*. Previamente se tomaban los *auspicios*, ceremonia efectuada también antes de los actos civiles: comicios, sesiones del senado, etc. y también antes de las operaciones militares: una batalla, un cruce de un río, una acampada; si los hombres no deseaban conocer previamente la voluntad divina los dioses quedaban resentidos y predispuestos para la venganza.

Con el tiempo, la oración perdió el carácter conminatorio de la primitiva fórmula mágica que intentaba predisponer a la divinidad de forma favorable o parando cualquier acción suya desagradable. Primero se la nombraba, si era conocida, o se usaban fórmulas de precaución si era malévola. Después se le solicitaba el favor deseado, rogándole que aceptara el sacrificio compensatorio. La plegaria se efectuaba rítmicamente y es casi seguro que en la mayoría de los casos se cantaba; tras el sacrificio se repetía, para dar por finalizada la ceremonia como si fuera un resumen de lo realizado.

Auspicios y adivinación

Los *augures* eran los sacerdotes especializados en presagiar acontecimientos. Interpretaban la voluntad de los dioses a través de distintos tipos de señales. El augur señalaba en el cielo con su *lituus* (bastón curvado) y con un *templum*, rectángulo cuyos lados correspondían a los cuatro puntos cardinales y dividido por una cruz, observaba el sur, aguardando la producción de los signos, que podía ser *ex avibus*, por la aparición de la aves, de las que según la especie importaba el número, el grito, la manera de volar y por dónde venían o cambiaban de dirección durante el vuelo. También presagiaban cosas funestas las que lo hacían volando a poca altura al contrario de las que volaban muy alto.

Ex coelo, fijándose en el trueno o el relámpago; o signos imprevistos

—casi todos de mal agüero—, como el encontrarse concierto tipo de animales, un traspié o la caída de un objeto. Los fenómenos observados en el cielo a la izquierda de augur, al igual que el vuelo de las aves por provenir del este —región de la luz— eran favorables, los de la derecha funestos.

En una observación muy utilizada por los ejércitos o flotas en campaña eran los *auspicia pullaria*, vinculados a la forma de comer los pollos sagrados que los augures cuidaban en una jaula. Indicaban mal auspicio si al comer se mostraban inapetentes o al comer dejaban caer restos.

El búho era considerado como anuncio de grandes calamidades, mientras que la abeja, insecto sagrado y mensajero de los dioses, era portadora de buena suerte. El águila, ave sagrada de las legiones romanas, anunciaba desgracias imprevistas y tempestades.

Además de esta forma de augurar, que llegó a provocar la ironía de muchos romanos intelectuales como Cicerón, los augures interpretaban los sueños, así como las respuestas de los oráculos y preveían la ira de los dioses, aconsejando sobre cómo protegerse de ellos. El Estado llegó a sostener peculiarmente a seis augures oficiales.

Los sacrificios

Constituían el acto más importante del culto. En el ritual doméstico eran incruentos, puesto que el paterfamilias ofrendaba fruta, vino y alimentos. Pero en el culto público, en general, eran cruentos. En ellos no cabía la improvisación, todo se hallaba reglamentado con extrema minuciosidad. Cada divinidad mostraba su predilección por una clase de ofrendas. A Ceres se le ofrecían cerdos, a Júpiter bueyes blancos, a Venus palomas, a Diana una cierva, etcétera.

Degollada la víctima, se dejaban a la vista las entrañas. Venían entonces los arúspices, sacerdotes de origen oriental y etrusco, y examinaban el estado de las mismas. Si detectaban una anoma lía era interpretada como mal presagio y conllevaba que la víctima fuera rechazada y se escogiera otra. Una vez aceptada la víctima por los *arúspices*, se quemaban las entrañas y el resto de la carne se asaba y se ofrecía a los asistentes en

Busto del sobrio escritos Cicerón, realizado en la época de Augusto
(Sala de los Filósofos, Museo Capitolino, Roma).

una especie de ágape sagrado o comunión.

Tal vez el más típico de los sacrificios fuera el de la *suoove-taurilia* (suovetaurilia), consistente en la inmolación de un cerdo (*suo*), una oveja (*ove*) y un toro (*taurilla*) realizado en especial con motivo de la inauguración o restauración de un templo. Sacrificio realizado también por las familias pudientes en honor de Marte para invocarle su protección sobre las cosechas y el ganado (en este caso, el dios de la guerra posee, como tantos otros dioses romanos, sus atributos típicamente agrícolas).

Asimismo se consideraban sacrificios las *lustraciones*, purificaciones colectivas que se realizaban en circunstancias importantes y cada cinco años. De ahí la palabra *lustro*, que ha llegado hasta nuestra lengua.

Los juegos

Por último, hay que mencionar en el conjunto variopinto de la religión romana, los juegos (*ludi*). Al igual que las danzas accesorias de muchísimos actos de culto, parecen significar una expansión de energías destinadas a propiciar la fecundidad de la naturaleza. Los más notables fueron los *ludi romani* o *ludi maximi* y los *ludi plebei*, que tenían lugar respectivamente en los idus de septiembre y de noviembre. Después de un ofrecimiento de alimentos y un solemne desfile, se disputaban carreras de carros y competían púgiles por equipos. Paralelamente, se representaban piezas festivas de teatro o pantomimas. Todo ello, remedo de los juegos de origen griego.

Sin embargo, al igual que los combates de gladiadores (al parecer de origen etrusco) que tenían lugar primero con ocasión de los funerales y más tarde como complemento de los juegos, perderían con el tiempo su carácter religioso para asumir el de entretenimiento ofrecido por los magistrados al pueblo de las ciudades y en último término por el propio Emperador, para que la plebe no pensara en reivindicaciones políticas: en ellos se repartía trigo gratuito a los necesitados. De aquí la famosa expresión: *panem et circenses* = pan y circo.

La Gran Madre

Hacia el año 205 a.C., consultados los Libros Sibilinos, los sacerdotes llegaron a la conclusión de que Aníbal, el gran cartaginés enemigo de Roma, quien aunque derrotado continuaba sus correrías en el sur de Italia, dejaría el país si se traía a Italia el ídolo asiático que simbolizaba la *Gran Madre*, conocida también como la diosa Cibeles. Se trataba de un aerolito negro esculpido que poseía el rey de Pérgamo (pequeño Estado surgido en Asia Menor a la muerte del gran Alejandro Magno), Atalo I, aliado de los romanos. Atalo escuchó los ruegos de éstos y les cedió la imagen.

Todo Roma se volcó en el puerto de Ostia cuando la estatua de la diosa desembarcó. El propio Escipión, el hombre fuerte en aquellos momentos, que llevaba la campaña contra el cartaginés, salió a recibirla y las más honradas matronas de la ciudad la transportaron en brazos hasta el Palatino, en donde fue solemnemente entronizada en el templo de la Victoria. La gran ceremonia significaba una prueba más de los lazos que unían a la ciudad del Tíber con la famosa y malograda metrópoli de Asia Menor: Troya.

Desde aquel día, 4 de abril del 205 a.C., se celebraron todos los años los *Juegos Megalenses*, de *megala* = grande, gran. Todas las familias aristocráticas latinas crearon gremios que se colocaron bajo la protección de la Gran Madre. Y así fue en efecto… Al año siguiente, Aníbal abandonaba el suelo de sus tenaces enemigos para no volver a él jamás.

Cibeles llega a Roma sin su compañero original, Atis, éste lo hará a su vez a partir del siglo I d.C., al parecer importado por los *libertos* (esclavos liberados) del emperador Claudio. El mito de Atis, pastor de genealogía divina, se halla impregnado de elementos sexuales. En sus fiestas de primavera se dramatizaba su muerte y resurrección por medio de flagelaciones y mutilaciones con cuchillos de pedernal cuya finalidad era fortalecer, por medio del derramamiento de sangre, los poderes generatrices de la tierra.

Según el poeta Ovidio, Atis era un pastor frigio de singular belleza que fue amado por la diosa Cibeles de forma casta. Sin embargo, la pasión se apoderó de la ninfa Sagaritis, que quiso unirse carnalmente con él. Cibeles, llena de celos, mató a la ninfa derribando el árbol cuya vida se hallaba ligada a él y enloqueció a su amado, que se autocastró. Arrepentida la diosa de lo que había desencadenado, volvió a colocar a Atis bajo su tutela y servicio. De aquí las extrañas y cruentas prácticas masoquistas.

* * *

LA RELIGIOSIDAD TRADICIONAL EN CRISIS: EL CULTO IMPERIAL

Con la expansión por los confines más alejados del Mediterráneo, la sociedad romana tradicional entró en crisis en todas sus facetas: política, económica y naturalmente religiosa. El culto estatal a los viejos dioses llegó a practicarse con una rutina monótona pero sin ninguna convicción y pronto las más sesudas mentes romanas iniciaron la búsqueda de algo más que creer en aquellos antropomórficos dioses (dioses en forma humana), desprovistos de espiritualidad y de sentido. Sólo la religión doméstica popular se salvó por el momento de los embates de las innovaciones.

Monumento funerario conmemorativo dedicado a la diosa egipcia Isis, que gozó en Roma de gran predicamiento.

Y al igual que sucediera en Grecia, muchos intelectuales se

refugiaron en la filosofía de los presocráticos (los grandes pensadores anteriores a Sócrates y a la gran filosofía ateniense de los siglo V y IV a.C.), otros lo hicieron en el pensamiento de Epicuro, de Zenón o de Panecio, quienes con su estoicismo ganaron preclaras figuras de la élite romana como Cicerón o el hispano Séneca, y produjeron dos importantes representantes de dos clases sociales diametralmente opuestas: un esclavo: Epicteto, y un emperador, Marco Aurelio. Todos pretendían la búsqueda de una felicidad basada en el conocimiento de las famosas incógnitas que todavía atenazan a la desvalida humanidad: el ¿quiénes somos, de dónde venimos y a dónde vamos? ¿Dónde se hallaría la verdadera respuesta?

En el año 186 se descubre la existencia de cultos dionisíacos practicados en secreto, en los cuales se buscaba el éxtasis y la comunión con el dios helénico Dionisos (el Baco romano) mediante danzas orgiásticas (*bacanales*) y abundantes libaciones, todo ello dentro del más exaltado clima sensual, a semejanza de las ceremonias afroamericanas de la macumba brasileña o el vudú haitiano. El senado pretendió advertir en ellas indicios de conspiración política y ordenó a sus tropas que acabaran para siempre con aquellos grupos de exaltados alborotadores que, según las autoridades, podían terminar con la seguridad del Estado. Miles de seguidores de Baco terminaron sus días violentamente, pero la secta rebrotaría a partir del siglo II d.C.

Realizada la limpieza en pro de la salvación de las puras esencias primitivas y de la religión tradicional, le tocó el turno a los filósofos y sus seguidores. Pero sus enseñanzas no se pierden y una indiferencia religiosa cada vez mayor invade las clases altas. Algunos, siguiendo a los estoicos, terminan por configurar la vaga existencia de un solo dios. Otros niegan que los dioses, a los que admiten su existencia intervengan en los asuntos humanos y los más caen en el más puro y simple ateísmo, pero para refugiarse en alguna creencia se echan en brazos de las más extrañas supersticiones, ni más ni menos que como sucede hoy en día.

A comienzos del siglo I a.C., los soldados del caudillo Sila (Sula) importaron de sus campañas contra Mitrídates, rey del Ponto (Armenia), a la diosa *Ma*, cuyo culto sangriento se identifica también con el de la Gran diosa. Pronto el contacto con Egipto traerá a Roma el trascendental culto de la diosa Isis, la hermana y esposa de Osiris, reemplazado

Estatua de Augusto en mármol con toga que le cubre la cabeza. Se la considera uno de los mejores retratos del fundador del Imperio. Se conserva en el Museo Nacional de Roma.

en el camino hacia Italia por Serapis, un dios menor de indeterminado origen. Todo el Imperio Romano practicó el misterioso culto e incluso los ritos secretos se realizaban en lengua egipcia y los iniciados en ellos se hallaban sometidos a durísimas prescripciones que tenían por finalidad el perdón de sus pecados. Ese sentido solemne de lo misterioso fue la clave del éxito de Isis entre los romanos.

Llegamos así a la época de Octavio Augusto, el gran restaurador de la tradición romana, intentando conferir al aire de modernidad que los nuevos tiempos impelían, aunque sus convicciones más bien anticuadas frenaran sus deseos de reforma. A la muerte de su compañero Lépido (12 d.C.), se convirtió legalmente en Pontífice Máximo. Inició primero la reorganización de lo ya existente: reconstrucción y edificación de templos, depuración de los colegios sacerdotales, en los que ingresa como miembro nato, y con él todos los emperadores siguientes.

Augusto había traído la paz a una sociedad desgarrada por más de un

Fragmento del relieve del lado sur del Ara Pacis. En él, con un gusto refinado de evidente influencia griega, puede contemplarse a la familia de Augusto en procesión y en el centro al propio Emperador tocado con su clásica toga. El relieve se subordina así a la arquitectura con fines didácticos y ornamentales, tanto en los altares públicos como el presente, como en los arcos imperiales, columnas conmemorativas y estelas funerarias públicas y privadas.

Detalle del relieve del Ara Pacis. La figura central representa a la Tierra o quizás a la misma Roma en el centro de la latinidad.

siglo de guerras civiles, lo que le confería un carácter de «afortunado» o «feliz» de naturaleza sobrehumana, epíteto que ya antes se habían arrogado Sila, Pompeyo y César. La adoración del soberano constituía moneda corriente en las monarquías helenísticas, por influencia mesopotámica y egipcia, y aunque la tradición romana se oponía a la divinización de un hombre en vida, Augusto era el *pater-familias* por excelencia de su pueblo y todo paterfamilias tenía su Genio espiritual (en el caso de Augusto su *Supergenio*). Por aquí se entronizó su divinización, que continuarían sus sucesores en el trono imperial. El último grado de adoración imperial se introducirá con el Bajo Imperio (siglo II d.C.).

Al morir Augusto, el Senado consagró su divinidad; la influencia helenística reforzaba el culto romano tradicional a los *manes* del fallecido. El emperador, a semejanza de Rómulo, inicia su *apoteosis* saliendo de este mundo para ocupar un lugar entre los dioses, únicamente negada a los emperadores especialmente odiados. A partir de entonces a su nombre se le antepondrá el epíteto de *divus* = divino. La deificación después de la muerte se hará paulatinamente extensiva a toda la familia imperial.

Así se producirá el último acontecimiento propiamente romano dentro del campo de su religión. Será a partir de Aureliano (270 d.C.) que el culto del emperador traerá consigo, desde el primer momento, su adoración sin paliativos y con todas sus consecuencias. Pero los templos estaban vacíos, las clase privilegiadas se internaban cada vez más en las escuelas filosóficas helenísticas y, aunque la mayoría de los campesinos continuaban fieles a las viejas divinidades agrarias (de aquí derivará la palabra *paganismo* y *pagano*, creyente de la religión antigua tradicional, de *pagus*, en latín campo), el terreno estaba abonado para que arraigaran nuevas creencias orientales y naturalmente entre ellas el cristianismo.

Mitra, el Mitraísmo

Mitra era una divinidad persa. Plutarco nos narra que el año 67 a.C., cuando se hallaba persiguiendo a los piratas, Pompeyo descubrió en Licia (sureste de Asia Menor) que éstos celebraban extraños sacrificios en la cima de un volcán, con ritos secretos dedicados a un tal Mitra, antiguo dios solar. Este dios, olvidado durante el apogeo de la religión persa predicada por Zoroastro (el Mazdeísmo), pasaría de los persas a los frigios y de éstos a los romanos. Mitrídates es el nombre de numerosos soberanos de dinastías de Asia Manor.

Poco a poco, Mitra fue adquiriendo atribuciones nuevas de intermediario entre el dios del Bien, Ahura-Mazda (el Ormuz de los griegos), protector de la vegetación y salvador de los hombres. A fines del siglo I d.C. ya lo encontramos arraigado en Roma. Mitra perduraría también como patrón de los soldados y de sus ejércitos. Sus ritos se celebraban en cuevas y criptas subterráneas y se basaban en una purificación, una especie de bautismo, una cena de pan y vino o banquete sagrado y una serie de ceremonias por medio de las cuales el fiel podía ascender, a lo largo de su vida, por una jerarquía de siete grados iniciáticos de creciente perfección personal.

Religión viril por naturaleza, el *Mitraísmo* exaltaba el valor militar, el compañerismo, la lealtad y la veracidad. Alguien ha dicho que sino hubiera habido cristianismo, el mundo antiguo hubiera sido Mitraísta. El repugnante rito del *taurobolio* de verter sangre de un toro sobre un neófito, símbolo de regeneración, a pesar de haber sido asociado al Mitraísmo, es propiamente un rito de la Gran Madre de Asia Menor.

Mitra, el dios Sol, se fusionó pronto con el principio del Bien, *Ahura-Mazda,* lo propio sucedió con *Ahriman* y *Satán*, generador del mal. Dios de

El Coliseo de Roma, uno de los símbolos de la ciudad imperial. Comenzando bajo Vespasiano y terminado por Tito en el año 80. Tenía capacidad para 100.000 espectadores.

la luz, espíritu de la verdad y de la justicia: todo esto era Mitra; dios casto, célibe, ordena la continencia espiritual más extrema. Hacia el siglo III de nuestra Era, el Mitraísmo se había convertido en la virtual religión oficial del Imperio Romano, cuyos ecos resuenan en el propio cristianismo.

El Sincretismo

El tratar de conciliar doctrinas diferentes tolerándolas todas, a esto tendió pues el Estado romano, en especial a partir del siglo II d.C. A veces ciertos emperadores protegieron uno u otro culto concediéndole una consagración oficial o semioficial, como por ejemplo Heliogábalo, que entre el 218 y el 222 d.C. se erigió en sacerdote del dios solar Baal de Emesa (Siria), cuyo culto exótico y estridente pretendió suplantar la religión tradicional ante la repugnancia de la clase senatorial acostumbrada ya a todo, pero harta de los excesos depravados imperiales.

Por último, Juliano el Apóstata, ya en el siglo IV, realizó el último intento sincretista solar para luchar contra el avasallador empuje del cristianismo, que ya lo invadía todo.

En el alborear de una nueva época no podían faltar multitud de astrólogos y nigromantes, charlatanes y milagreros que hacían su «agosto» con horóscopos, oráculos y operaciones mágicas. Todo ello contribuye a otorgar en la época final del imperio romano una increíble heterogeneidad.

Religiones naturistas y biológicas, anunciadoras de la supervivencia de los cuerpos; religiones y doctrinas filosóficas que prometían la inmortalidad de las almas. Por todas partes, desde la Britania Magna a las columnas gaditanas de Hércules y desde aquí a los confines del África entonces conocida o hasta las fronteras con Arabia o con Persia, se sentía una intensa necesidad de supervivencia. y de salvación. Del uno al otro confín del mundo romano sueños de descensos a los infiernos y de resurrecciones en paraísos subterráneos, temporales y purificadores, de «ciclos» renovadores inscritos en un tiempo mensurable a la dimensión del hombre y medidos en la realidad, como escriben Raymond Bloch y Jean Cousin, «por símbolos de las estaciones, signos zodiacales de los juegos seculares de interpretación política o supersticiones elementales».

Y también visiones cósmicas, heredadas del pensamiento griego, modificadas bajo la influencia oriental, alimentadas por un estoicismo que tendía hacia una fatalidad astral, hacia un alma del mundo, hacia un Sol, que era una inteligencia radiante y eterna y cuya adoración se remontaba a los cultos iranios de la luz.[2]

Coincidencia o no, recuerdo también de las Saturnales, el 25 de diciembre el emperador Aureliano decreta el día más fasto del año, el del nacimiento del Sol, le erige un templo oficial en el Quirinal e identifica a los senadores con un colegio sacerdotal; en las monedas acuñadas a su imagen encuentra un elemento ideal de propaganda; en los escudos de los soldados unos muros protectores; en los mosaicos de la Plaza Armerina o en las esculturas del arco de Galerio en Salónica, la consagración ilustrada de su símbolo triunfante.

---

2. Raymond Bloch y Jean Cousin: Roma y su destino. Ed. Labor. Barcelona, 1967.

Divinidades provinciales

La religión céltica siguió siendo profesada en la Galia e Hispania e incluso parece haber experimentado un renacimiento en los siglos II y III d.C. Los celtas se mezclaron también con los pueblos escitas, tracios, griegos, bretones, germanos e incluso itálicos. Los latinos que se refirieron a ellos dieron a sus dioses nombres latinos. Pero el cordobés Lucano menciona a *Esus, Tarania* y *Teutates* o *Tutatis*, el primero asimilado a Marte o a Mercurio, el segundo a Júpiter y el tercero también a Marte, al que se le ofrecían sacrificios humanos.

Además de estos dioses más o menos principales, se conocen más de cuatrocientos nombres de divinidades masculinas y femeninas imposibles de analizar y que a veces figuran tan sólo en inscripciones aisladas. ¡A Marte se le añadieron hasta sesenta y cuatro adiciones célticas! Se conocen dioses propios de determinados lugares, dioses funcionales, naturistas, divinidades masculinas y femeninas de la Tierra madre, de los ríos, los lagos, las fuentes, los animales, los vegetales: *Sequana, Icaunis, Souconna, Luxovius, Sexarbor, Tarvos, Cernumos*, etcétera.

El clero de estas divinidades eran los famosos druidas, con una misión legisladora al mismo tiempo que sacerdotal. Fueron perseguidos desde comienzos del Imperio, por el temor de que pudieran acaudillar movimientos nacionalistas.

Más allá del *limes* o frontera del Imperio, vivían los germanos, con unas divinidades que los romanos asimilaron a sus propias creencias: *Wodan* a Mercurio; *Tiwaz* a Marte; *Donar* a Hércules. *Nerthus*, masculino entre los escandinavos, y *Nerta*, femenino entre los germanos, era la divinidad de la Tierra maternal, la Tellus romana; *Alcis*, divinidad gemela asimilada a Cástor y Pólux; *Friega* o *Freya* a Venus.

En el Mediterráneo Occidental, Hispania conservaba en Ga-*des* (Cádiz) el *Melkart* que trajeron los cartagineses asimilado a Hércules. Neta divinidad solar, fue identificada con Marte; se la representaba con rayos en la cabeza y se le sacrificaban machos cabríos, caballos y hasta prisioneros. La luna continuaba siendo venerada y parece ser que ambas divinidades se confundieron y relacionaron con el mito de Astarté y de la Venus clásica.

Endovelico, venerado en la Lusitania (Portugal), era una especie de divinidad médica que para comunicarse se valía de un oráculo al modo clásico, o simplemente manifestándose en sueños; se le honraba con sacrificios de puercos. Compañera de Endovelico, en Lusitania y también adorada en la Bética (Andalucía), se hallaba la diosa Ataecina, con carácter médico e infernal; al mismo tiempo, su origen parece ser de indudable raigambre celta y se la representaba con flores y frutos. *Lugoves* era el nombre conservado de un dios solar venerado también por los primitivos irlandeses.

Además de los dioses mencionados, parece antiquísimo entre las tribus hispánicas el culto al toro, así como al león (?) y a la esfinge. Existen restos escultóricos que han llegado hasta la actualidad que parecen confirmarlo, tal como los leones de Nueva Carteya (Córdoba), Baena y Osuna, y, sobre todo, la enigmática Bicha de Balazote (Albacete), toro con cabeza humana de caracteres muy arcaicos, de influencia helénica según algunos. En varias monedas hispano-romanas se reproduce la esfinge, de la que se cree que en Sierra Morena había un santuario dedicado a este monstruo alado.

África, de inspiración semítica, no dejaba que la romanidad de sus conquistadores hiciera desaparecer el culto a Tanit, la púnica, y que unía a Cibeles. Tenía junto a una Isis como hemos visto viajera y a la Diosa Celeste, su Saturno-Hammon, su Hércules-Melkart, su Esculapio-Eshmun, sus Ceres númidas de tradición eleusina, relacionadas con un suelo productor de cereales.

En el Ática griega subsistían siempre los venerables misterios de Eleusis, que contaron con la iniciación de numerosos emperadores a partir del propio Augusto.

Supervivencias religiosas o aportaciones que no minaron ni un ápice la verdadera y auténtica religión oficial del Estado, que se manifestó cada vez más por medio de la grandiosidad, el fasto del ceremonial y el gradilocuente estilo de sus representaciones figuradas, que colocaban bajo los ojos de los romanos y de los demás pueblos sometidos a vecinos las imágenes esculpidas y duraderas de las procesiones, de los triunfos, de los dioses de Roma todo lo vacíos de contenido que se quiera, pero reales y pétreos, saludando al emperador, el *divus* terrenal o de las apoteosis que se elevaban hasta el cielo.

Imponente fachada del Panteón, templo de «todos los dioses» (del griego pan = todo; theón = dios, dioses) erigido en Roma por voluntad de M. Agrippa, yerno de Augusto, tal como indica la inscripción. Tras dos grandes incendios, bajo el emperador Adriano se le dio la forma actual (126 d.C.).

A Octavio Augusto se le habían dedicado, como homenaje, estatuas de tamaño humano y el coquetón y reducido altar del Ara Pacis celebraba la Paz perpetua conseguida así como su gloria; pero a Nerón, megalómano y paranoico, se le erigió ya una estatua colosal; Domiciano, Trajano, Marco Aurelio, Septimio Severo y Constantino fueron representados a caballo por encima de los hombres de la tierra.

Se levantaron columnas conmemorativas, a la manera de los obeliscos egipcios, de Trajano, de Antonio Pío y de Marco Aurelio, el gran emperador estoico, para dejar testimonio de sus hazañas continuas y continuadas en Roma y en las provincias; se levantaron arcos triunfales para Augusto, Tiberio, Claudio, Nerón, Vespaciano, Tito, Domiciano, Trajano, Adriano, Septimio Severo, Gordiano III, Graciano, Valentiniano, Teodosio, Constantino, Arcadio, Honorio y Teodosio II.

Se construyeron «trofeos» que, a medida que se avanzaba en el tiempo, iban recargándose de motivos, a veces fantasiosos, pero orientados hacia

Interior del Panteón de Agrippa. Destinado a albergar las estatuas de los principales dioses, fue reconstruido en el siglo II d.C., y transformado en iglesia cristiana en el 609.

la exaltación del poder imperial y de su carácter sobrenatural, gracias a la utilización de temas de glorificación y a la disposición de los personajes y de las escenas que convergían hacia el señor del imperio. Así por ejemplo, en el Arco de Tito vemos al emperador de pie sobre un carro tirado por dos caballos guiados por la diosa Roma, seguida de una Victoria alada, que coloca sobre su cabeza una corona de laurel, y rodeado en los ángulos de las bóvedas de «Victorias» también aladas, con «claves» de bóveda adornadas, por un lado con la diosa Roma, por el otro con el Genio del pueblo romano, y finalmente, levantado él mismo, en la parte superior de la bóveda, por un águila, hasta el cielo de su apoteosis.

Los Judíos

El cristianismo dará el *golpe de gracia* a la Mitología Romana, pero antes prepara y abona esta victoria final la fuente primitiva de la religión de Cristo: el Judaísmo.

La *diáspora* o diásporas (dispersiones) de los judíos o del pueblo hebreo o de Israel no se produce con la caída de Jerusalén en el año 70 d.C. bajo las legiones romanas de Tito, ni con la última rebelión en tiempos de Adriano (siglo II d.C.). El pueblo judío compuesto, según la tradición, básicamente por las doce tribus bíblicas fue un pueblo acostumbrado al nomadismo desde tiempos ya del patriarca Abraham, en el segundo milenio antes de nuestra Era, nomadismo que les llevará hasta Egipto entre los siglos XVII y XVI a.C. aproximadamente, con la invasión del país faraónico por los hicsos. Sólo por espacio de poco más de un siglo, hacia el primer milenio a.C., los judíos consiguen en la *Tierra Prometida* un reino relativamente estable.

Pronto volverán los trasiegos de población, a veces forzados, con asirios y babilónicos, hasta que con los persas vuelvan a asentarse en las tierras cananeas, si bien cuando ya parte de sus efectivos no sólo ya no regresarán, sino que el fenómeno emigratorio se intensificaría en el siglo III de nuestra Era, estableciéndose comunidades judías en toda la cuenca mediterránea. En Italia se agruparon en barrios aparte, en ciudades como Brindisi, Tarento, Pozzuoli, Ostia y Roma. Dispersos, continuaban siendo judíos; aislados, conservaban su unidad espiritual y se sentían unidos a su capital común, Jerusalén, por un indisoluble vínculo sentimental. La primera preocupación de una colonia judía era la de construir una sinagoga, reunirse en ella y mantener sus lazos con Jerusalén.

No sabemos con exactitud el año de los primeros contactos de los romanos con los hebreos. Hay constancia de que hacia el 164 a.C., dos legados, Q. Memmio y T. Manlio, se mezclaron en las hostilidades de los Seléucidas (sucesores de Seleuco, general de Alejandro, a quien a la muerte del gran macedón le había correspondido como gobierno Siria y Mesopotamia) con el caudillo hebreo Judas Macabeo. En el 161 a.C., una delegación judía concertó con los romanos una alianza, alianza renovada en el 143 y el 139. En el 129 Juan Hircano incorpora a su propio dominio judío algunos territorios pertenecientes al seleúcida Antíoco.

En el año 65 a.C., Pompeyo el Grande conquistó Siria y se mezcló en la luchas intestinas que sostenían entre los hebreos Hircano y su hermano Aristóbulo por el control del pequeño reino de Jerusalén. Abrazó la causa del primero y, tras entrar en la ciudad Santa, volvió a Roma con numerosos prisioneros judíos que incrementaron la colonia israelita en la Ciudad Eterna. Esta colonia, ligada a Jerusalén, consigue construir la sinagoga denominada de los *Libertini* y logra tal predicamento que encuentran un aliado en el propio Julio César. Desaparecido Pompeyo y Aristóbulo, César apoya a Antípater, padre de Herodes. Los judíos ganan para César la colonia de Leontópolis y agradecido éste, concede a Herodes numerosos privilegios, así como a sus súbditos. Nadie como los judíos llorarán a César cuando perezca asesinado.

Los niveles morales de los judíos eran mucho más elevados que los de los pueblos con los que convivían o habían sido dispersados. *Los Diez Mandamientos* proponían y ordenaban un nivel de conducta mucho más avanzado que cualquier conjunto de leyes contemporáneo, tanto en la moral pública como en la personal, incluidas actitudes sexuales y transacciones comerciales.

La primitiva idea judía del *Sheol*, el reino de los muertos, casi no se diferencia del infierno homérico, en donde las sombras fantasmales chillan como murciélagos. Fue el contacto con Babilonia, durante el cautiverio del siglo VI a.C., que originó en las creencias «mosaicas» (atribuidas a Moisés) una escatología nueva por completo, plasmada en el concepto de eternidad y de supervivencia.

La llanura babilónica de Shinar era un observatorio natural tan sorprendente que sus habitantes ya lo hicieron servir como tal desde tiempos muy remotos. Trazando los movimientos de los astros se dieron cuenta de que, después de un período de tiempo, ciertos astros volvían a la misma posición que ocupaban en el cielo. Si hacen esto, argumentaban los observadores, han de ser eternos. Con mucha más razón, el poder que los había creado y los había puesto en perpetuo movimiento tenía que ser todavía más eterno, si esto era concebible.

De esta forma nació el concepto de eternidad y su corolario, la vida eterna, e influyó profundamente en el pensamiento judío a excepción de la secta de los *Saduceos*, que rechazaban de plano la resurrección. Pero los conocidos como autores apocalípticos, como el autor del *Libro de Daniel*, la proclamaron a los cuatro vientos. En esta obra, aunque no hay una clara proclamación de la resurrección general, si se expone que ciertas almas que se lo merecen conseguirán la inmortalidad: «Y aquellos que habrán llevado muchos a la justificación serán como las estrellas para siempre jamás» (Daniel, 12,2-3), frase que haría escribir al gran Cicerón: «Y muchos de aquellos que duermen en el polvo de la tierra se levantarán para una vida eterna, y los otros para los oprobios eternos, para el horror eterno. Los sabios brillarán como el esplendor del firmamento».

Se ha calculado que esta obra trascendental se terminó de escribir hacia el año 166 a.C., poco más o menos cuando florecientes colonias judías se habían establecido en Asia Menor, y su influencia en el mundo grecolatino sería extraordinaria hasta llegar a la culminación con un personaje genial: Saulo de Tarso, es decir, San Pablo, el verdadero autor de la dimensión universal del cristianismo.

Muchos romanos se sintieron atraídos por el misterio de las creencias judías sin desear naturalmente convertirse o sentirse como hebreos o asimilar al completo todas sus doctrinas, pero mezclaron sus convicciones paganas, más o menos débiles, admitiendo al lado de Júpiter o Marte el Yahvé hebraico junto con Isis o Mitra. E incluso adoptan la forma de «el dios supremo o más alto» de los judíos para dirigirse al sirio Atis.

Y fue en Asia Menor en donde se concretó un dios al que se le denominó Sabazi, antigua divinidad de las tribus tracofrigias, al que se le colocó junto a Atis o con frecuencia se le confundió con él. Por una semántica normal, Sabazi se asimiló al Sabaoth hebreo, el Señor de los Ejércitos del salmista.

De esta forma directa e indirectamente, Roma recibió la idea del Elohim, del «que es» Dios de Abraham y de Jacob. Pero frente a los cultos politeístas (muchos dioses) los judíos (desviaciones o contaminaciones aparte) eran monoteístas (un solo dios). El advenimiento del cristianismo iba a provocar en la monolítica unidad doctrinal judía un doloroso problema que se iniciaría con el proceso a Jesús, convertido en problema político. Sea como fuere, ya el año 139 a.C. se había expulsado a los judíos de la ciudad de Roma «por intentar corromper las costumbres de los romanos con el culto a Júpiter Sabazi». Y es que durante los tiempos inmediatos al inicio de nuestra era, judaísmo y cristianismo irán de la mano para la mentalidad romana y sufrirán persecución según las circunstancias políticas.

Por el momento, Augusto se mostró con respecto a los judíos tan benévolo como su tío César, pero bajo Tiberio más de cuatro mil judíos sufrieron una deportación a Cerdeña ordenada por el sanguinario Sejano, proscripción suprimida a la muerte de éste. Con Claudio los judíos volvieron al destierro, porque «bajo el influjo de Chrestus planeaban constantes tumultos» (ni que decir tiene que bajo el nombre de Chrestus se escondía el de Cristo).

Sin embargo, la mayoría de judíos rechazaba la doctrina cristiana y se oponían a los que la abrazaban, porque la fe cristiana aseguraba no sólo que había llegado el Mesías, sino también que los no judíos, los *gentiles*, podían ser admitidos a ella, cosa inadmisible para un pueblo que se sentía único depositario de la Revelación Verdadera y escogido por Dios como su intermediario para dominar el mundo.

Bajo el reinado del desequilibrado Nerón, los judíos volvieron por el momento a gozar de predicamento, hasta que con el fortuito incendio de Roma del año 64 fueron perseguidos, al igual que los cristianos, sin hacer distinción entre ellos, Jerusalén acabó destruida en tiempos del emperador Vespaciano como castigo a una terrible sublevación contra el poder de Roma (67-70), consecuencia de su resistencia al culto de las imágenes imperiales, condenadas por el consejo sacerdotal hebraico o Sanedrín el año 56.

La última de las rebeliones tendría lugar bajo Adriano, los años 132-135, cuando Bar Kokeba, el denominado «Hijo de la Estrella» del renombrado oráculo de Balaam, logró sublevar a los habitantes de Palestina con ayuda de los sacerdotes o *rabinos*, maestros de la doctrina. La gran sublevación fue abortada y los judíos iniciaron su última diáspora de la Edad Antigua, quizá la más importante de sus dispersiones por el mundo.

¿Cómo se había llegado hasta ella? El carácter cerrado de las comunidades judías daba pie a toda clase de desconfianzas. Su modo de vivir difería de las costumbres romanas; sus creencias eran singulares puesto que no poseían, en los países en donde se habían establecido, ni templos, ni estatuas, no hacían sacrificios de animales, ni ceremonias espectaculares. Fueron acusados de «despreciar a los dioses del imperio», de no adorar más que a «un solo dios mal definido», de mentir cuando declaraban que su dios habitaba en el lugar santísimo del templo de Jerusalén, donde Pompeyo, al entrar allí, «no había visto nada». Algunos romanos llegaban a sostener que adoraban en su templo una cabeza de asno; otros decían que no comían carne de cerdo porque este animal trae la lepra, y que ellos eran, pues, los descendientes de los leprosos expulsados de Egipto; otros, por último, decían que los judíos eran una gente inquietante y peligrosa para la integridad del imperio romano y de toda la Humanidad.

Así se originaría el denominado «problema judío», de importancia capital en la Edad Media, y que a través de la Moderna llegaría hasta nosotros, tras los últimos exterminios todavía recordables. Como consecuencia de la actitud romana, las comunidades judías se fueron replegando cada vez más en sí mismas; se pusieron en orden los cánones y los principios político-religiosos de la tradición, culminando todo en el Talmud, código espiritual del judaísmo después del Antiguo Testamento.

El triunfo del Cristianismo

Un monje medieval, Dionisio el Exiguo, calculó que Jesucristo, el Mesías profetizado en la Biblia, nació en el año 753 después de la fundación de Roma, siendo emperador Octavio Augusto. En la actualidad se ha llegado a la conclusión de que Dionisio no fue exacto y parece ser que la venida al mundo de Jesús cabe situarla tres años antes. Esto nos obligaría a adelantar la Era Cristiana, tres años. Como para realizar tal reajuste se necesitarían procedimientos bastantes complicados, se ha mantenido la fecha dada por Dionisio el Exiguo.

Sea como fuere, el Imperio Romano había forjado una unidad política y cultural y el ambiente se veía favorecido por la Paz Augustea. Por otra parte, tal como hemos tenido ocasión de exponer, existía un ansia de renovación que llenase con algo más profundo las vacías prácticas paganas.

La nueva religión traía un mensaje completamente inédito: el amor entre todos los seres humanos, sin distinción de clases ni razas y la exaltación de los pobres y los humildes. Jesús no distinguió entre últimos y primeros, entre griegos, romanos o judíos, entre bárbaros, patricios, plebeyos o esclavos.

La dominación romana que había suprimido las barreras entre los países facilitó la difusión del cristianismo. El propagador y estructurador de la nueva doctrina fue Saulo de Tarso, judío fariseo que gozaba de la ciudadanía romana, atraído a la nueva fe mientras marchaba hacia Damasco, a donde se dirigía para combatir a los cristianos. Adoptó el nombre de Pablo, dedicándose con tal ímpetu a viajar por la península Helénica, la Itálica, el Asia Menor y quizá la Hispánica y a predicar lo que antes había hecho objeto de persecución. Se le ha llamado Apóstol de los Gentiles porque su programa fue extender el cristianismo, no sólo entre los judíos, sino entre todos los súbditos del Imperio.

La doctrina de Jesucristo se halla recogida en los cuatro Evangelios canónicos escritos por san Mateo, san Marcos, san Lucas y san Juan, las Epístolas de san Pablo, san Pedro, san Juan y san Judas, los hechos de los Apóstoles de san Lucas y el Apocalipsis de san Juan, conjunto que forma el Nuevo Testamento. Junto a éstos existen otros relatos sobre la vida de Jesús, cuya autoría no ha sido posible conocer: son los denominados Evangelios Apócrifos, que nos dan asimismo interesantes noticias sobre los orígenes del cristianismo y sus misterios sagrados.

El cristianismo y el Estado Romano

Las razones para la oposición del Estado Romano a la propagación de la nueva doctrina son complejas y sus actuaciones oscilaron entre la tolerancia y la persecución. En el aspecto individual no existió ninguna objeción, porque la religión era un asunto propio; pero como la religión del Estado era un asunto político, en este campo es donde estallaron las tensiones.

Nadie había visto a Mitra, ni a Isis, ni a Cibeles o Serapis. No poseían existencia corpórea. Pero una gran multitud de gente de una de las regiones más pobladas y conflictivas del Imperio sí que había visto a un tal Cristo de Nazaret. Esto era peligroso.

Algunos emperadores romanos se opusieron a aquellas singulares creencias, porque atacaba la base económica y social del Imperio, que era la esclavitud —al predicar la igualdad de todos los hombres—, rechazar el culto al emperador y condenar las costumbres licenciosas de la alta sociedad romana.

Cierto es que el cristianismo atrajo a los pobres y a los humildes, porque éstos eran mayoría. Por otra parte entre las clases más elevadas existía una especie de conservadurismo, para las que aceptar a veces nuevas doctrinas significaba una velada sedición o subversión al sistema establecido. Sin embargo, alguna gente de alcurnia fue atraída al cristianismo desde los primeros tiempos: José de Arimatea; Juana, mujer del mayordomo de

Nerón y Adriano, dos emperadores contrapuestos. El uno sensual, histriónico, paranoico y degenerado. Desató la primera persecución contra los cristianos. El otro, al parecer de origen hispano como su antecesor Trajano, culto, refinado, tolerante con los cristianos y aventajado poeta.

Herodes; Sergio Paulo, gobernador de Chipre; Publio, primer ciudadano maltés, entre otros muchos.

Los cristianos tenían la idea clara de donde iban en esta vida y en la otra; el Estado romano no. Por eso, las actuaciones públicas de sus autoridades en relación con la nueva doctrina oscilaron entre la tolerancia y la persecución.

La primera persecución general contra los cristianos (persecución destinada también a los judíos, pues como hemos visto por el momento ambas religiones se confundían para muchos) la decretó el sanguinario Nerón tras el incendio de Roma (año 64). Ésta fue más un acto de ira personal que un plan político premeditado. A fines del siglo I d.C., Domiciano atacó a todos los que no le reconocieron como dios y señor y, claro, los primeros en recibir el castigo fueron los cristianos.

La diplomacia de los emperadores Antoninos permitió a los cristianos gozar en el siglo II de algunos años de paz. Tal como atestigua la correspondencia entre Plinio, gobernador de Bitinia, y el emperador

El hispano Séneca. Excelente escritor estoico a quien Nerón, su propio discípulo, orenó matar alegando que había tomado parte en una conspiración contra el paranoico emperador.

Trajano, no existía una legislación expresa contra los seguidores de Cristo. Plinio pide consejo a su señor sobre qué hacer con aquella gente cada vez más numerosa que no eran malos en sí, pero que mantenían extrañas asambleas de las cuales podían surgir la subversión. El hispánico emperador le contesta en e en el sentido de que no los persiga por el mero hecho de ser cristianos, pero si se les acusa de delitos contra el Estado es entonces cuando debe de actuar en consecuencia. Acusaciones que han de tener pruebas y conocimiento de causa, advierte, no simples anónimos con el fin de alguna venganza personal.

Política ambigua que continuó su sucesor, el sabio emperador Adriano. Quizás en el ánimo de las altas esferas romanas estaba el que aquella religión iría poco a poco desapareciendo, como había sucedido a otras. Los cristianos aparecían muchos como bondadosos y buenos ciudadanos romanos. Excepcionalmente hubieron explosiones de odio contra ellos, fomentadas en primer lugar por el populacho: Ignacio, ejecutado en tiempos de Trajano en Roma; Policarpo y sus compañeros, martirizados en Esmirna hacia el año 155; la carnicería de Lyon del 177, en época del cruel Cómodo, etcétera.

Para el pueblo romano más acérrimo, el fundador de la nueva fe era un delincuente condenado y ejecutado por delitos políticos y este era el hecho básico que hacía recelar a los ciudadanos leales. Por puro silogismo los que adoraban a aquel delincuente tenían que ser también delincuentes. Conscientes de esto, los cristianos de los primeros tiempos preferían presentar a Jesús como un dios-sol (Mosaico del Vaticano) o como el Buen Pastor, el Niño Jesús con su Madre, asistido con frecuencia por los Magos, reservando la cruz para contadas ocasiones.

Los cristianos contra la divinización del emperador

La divinización del emperador provenía de Oriente. En Egipto, durante miles de años, el faraón fue el dios-viviente. Esta consideración pasó a los Ptolomeos, sucesores de Alejandro, quien él mismo había ido al santuario de Ammón, adquiriendo con ello cierta aureola divina. Pero declarar a un hombre dios iba contra la creencia cristiana de un dios único hecho hombre, siendo considerada esa cuestión como una blasfemia. Tal como ya hemos expuesto, Julio César había sido declarado dios, como Rómulo, pero sólo después de muerto. Augusto permitió únicamente la deificación de su *genio*. Las ideas romanas de divinidad eran vagas y no dogmáticas.

Tiberio rehusó deliberadamente los intentos de divinizarlo: «He de confesar que soy mortal», decía siempre. Pero la divinización del emperador iba tomando cuerpo. A la muerte de Claudio, Séneca escribió una sátira al respecto que tituló *La metamorfosis de Claudio en calabaza*. Vespasiano exclamó poco antes de morir: «¡Me parece que me estoy convirtiendo en dios!», cosa que ni él mismo se lo creía. Domiciano sí que reclamó la divinidad. Todo esto no podía ser tolerado por los cristianos.

Escultura de tamaño natural del emperador Trajano. De origen hispánico, superada la idealización de la influencia griega, en la efigie el poder del emperador y el respeto por su persona, son una consecuencia más de la exaltación de sus cualidades personales.

Otro factor para la reacción estatal contra el cristianismo fueron los extraños ritos que para los romanos celebraban éstos en casas privadas exprofeso. Según los paganos, los creyentes bautizados se reunían antes del alba para celebrar la Eucaristía (en griego *eu* = bien; *jaristós* = gracias; ceremonia pues de acción de gracias), cuya base del banquete de amor consistía en la administración de un sacramento = cosa sagrada, que consistía en su forma exterior y visible, «en el cuerpo y la sangre del Hijo del Hombre», y también que los cristianos se dirigían a sus correligionarios como «hermanos» y «hermanas». De ahí se deduce lo fácil que era para sus enemigos acusarlos de «canibalismo ritual» e «incesto».

A pesar de todas estas calumnias y de que por principios los cristianos no agradaban a una sociedad a la que echaban en cara sus vicios y corrupción, la semilla fructificaba cada vez más debido a que muchos se refugiaban en aquella nueva fe, hartos de no encontrar en ninguna otra la debida tranquilidad de espíritu. Así, hacia el siglo II d.C. surgieron los Apologistas, que se dispusieron con sus escritos a defender las nuevas creencias, enseñando quién eran los cristianos realmente, quién había sido Jesús y cuál había sido su mensaje. Así Arístides, Justino, Clemente de Alejandría, Tertuliano...

En el siglo III las persecuciones contra los cristianos arreciaron. Se distinguieron por su crueldad los emperadores Severo, Maximino, Decio, Valeriano y, sobre todo, Diocleciano, que decretó la considerada como décima y última, la más despiadada, originando la llamada «Era de los Mártires» por el crecido número de Víctimas que produjo. La anarquía interior se agravaba con las primeras incursiones de los pueblos *bárbaros*, que terminaría con el antiguo mundo romano en el siglo V. Romanos de buena fe intentaron volver a sus antiguas costumbres y creencias, pensando así que superarían más fácilmente la adversa coyuntura y, naturalmente, echando la culpa de todos los males a los cristianos. Era necesario exterminarlos.

Curiosamente esta revitalización religiosa del pueblo romano iba a facilitar el camino para el triunfo final del cristianismo.

* * *

EPÍLOGO

La denominada época del Bajo Imperio, hasta el siglo IV, es el período álgido del monoteísmo estatal solar. El Sol Invencible se convierte en la deidad suprema del panteón romano. Los orígenes de la introducción de esta divinidad en Roma hay que buscarlos cuando Octavio Augusto trae a la capital dos obeliscos, consecuencia de su triunfo en Egipto, y los erige en la ciudad como regalos al sol (todavía no el Sol Invicto). Estos obeliscos con su inscripción se conservan hoy en día. Una serie de emperadores patrocinaron y promovieron el culto solar, terminando por añadirle el apelativo de Invicto.

El año 305, en pleno sistema denominado de la *Tetrarquía*, creado por el emperador Diocleciano (dos *augustos* y dos *césares* que se repartían el gobierno del Imperio), uno de los césares, Constancio Cloro, estaba casado con una cristiana, la futura santa Helena, que le dio un hijo: Constantino. Fallecido Diocleciano y Constancio Cloro, Constantino, educado en la religión del Sol Invencible, terminó por desembarazarse de todos sus adversarios y su triunfo final sobre Majencio en el Puente Milivio, cerca de Roma, quien apareció ahogado en el Tíber al intentar huir, lo atribuyó a un signo sobrenatural del cielo.

Según algunas tradiciones Constantino, la víspera de la batalla decisiva, tuvo la visión del lábaro o estandarte, símbolo de los emperadores romanos con una cruz en el centro en medio del anagrama de Cristo y alrededor las siguientes palabras: *In hoc signo vincis*: «Con este signo vencerás». Durante la noche, Constantino volvió a tener en sueños la misma visión. A la mañana siguiente se labró en el lábaro la cruz y la victoria constantiniana fue completa.

Como recompensa por su victoria y como medida política, pues el paganismo de hallaba en franca retirada, Constantino proclamó el año 313 la libertad de cultos. Los cristianos pudieron salir de las catacumbas, en donde se habían últimamente refugiado, así como de otros lugares ocultos, y pudieron respirar su bien ganada libertad.

El paganismo, refugiado sobre todo en el campo, continuó viviendo. El colegio pontifical todavía se reunió durante bastantes años. Las Vestales continuaron cuidándose del fuego inextinguible y todavía se celebraba la

Estatua del emperador Constantino el Grande, quien con el Edicto de Milán del año 313 decretó la libertad de cultos, legalizando así al cristianismo, que convivió desde entonces con un paganismo en retroceso.

fiesta de la Gran Madre. La estatua de la Victoria que Augusto había hecho colocar en el Senado, sacada por los sucesores de Constantino, fue restaurada por Juliano (360-363), el último emperador que intentó el «canto del cisne» del paganismo. Enzarzado en una guerra contra el persa Sapor, fue alcanzado por una flecha, muriendo en el campo de batalla. Se le atribuye que antes de morir pronunció estas palabras dirigiendose hacia el cielo con su mano ensangrentada: «Venciste Galileo».

Y fue en el año 392 cuando, bajo la insistencia de su consejero san Ambrosio (que poco antes había logrado desalojar para siempre a la estatua de la Victoria del Senado), el emperador Teodosio, de origen hispano, promulgó un edicto que ponía fin al paganismo, es decir, a la tolerancia religiosa y a la libertad de cultos, haciendo del cristianismo la única religión legal del Imperio. Una nueva Era había comenzado.

Por suerte, en la actualidad, la libertad de cultos ha vuelto a ser restaurada y, a pesar de crisis y vicisitudes, el cristianismo no ha muerto, como tampoco ha muerto el interés por la Mitología Romana, porque en especial el hombre de Occidente cuando se tambalea y no siente ningún apoyo dirige sus ojos a la Ciudad Eterna, con todo su acervo cultural, desde Rómulo a Teodosio, desde Júpiter al último Papa reinante, y encuentra en ella la respuesta a su propia existencia y los ánimos para seguir viviendo.

* * *

LAS FUENTES

Si para la reconstrucción histórica, las noticias que poseemos de los tiempos remotos del primitivo escenario romano no son fiables, por proceder de épocas relativamente tardías y merecer por tanto, escasa fe, para la Mitología y las leyendas son fuentes de primer orden.

¡Lástima que sepamos tan poco de los primitivos anales romanos, de los libros sacerdotales, de los calendarios (fastos) y de los registros consulares, hasta que los griegos toman contacto con el país hermano! Pero la verdad histórica continúa envuelta en frecuentes errores producto de la falta de objetividad y de la retórica poética tan cara, por otra parte, al mundo fabuloso, mitológico y legendario. Esto se advierte en las grandes recopilaciones de la época de Augusto, en la *Biblioteca Histórica* de Diodoro de Sicilia (siglo I a.C.), de tan gran predicamento entre los romanos y en especial entre los epicúreos y los estoicos; la *Arqueología romana* de Dionisio de Halicarnaso, griego como Diodoro, y la *Historia romana* de Tito Livio.

Tito Livio es el gran historiador augusteo. Su obra monumental se halla dividida en 142 libros, de los que sólo nos han llegado hasta nosotros los libros 1 a 10 y 21 a 45. Su sentido histórico aparece empañado por la preocupación de considerar al pueblo romano predestinado al dominio del mundo. Además, las fuentes de que dispuso para los tiempos más antiguos eran escasísimas, ya entonces y se hallaban a menudo alteradas en honor de ciertas familias, pero su valor para nuestro libro es de primer orden.

Livio fue a su vez fuente para los historiadores posteriores: Floro, hacia fines del siglo II; Eutropio en la segunda mitad del siglo IV; Aurelio Víctor, hacia el año 350; Orosio, al comenzar el siglo V, etc. Autores todos que merecen nuestra atención, puesto que basaron sus relatos en partes perdidas de las obras de sus grandes antecesores. De la misma manera, muchos pasajes de la magna historia, aunque únicamente conservada en fragmentos que Dion Casio escribió en griego a comienzos del siglo III, se halla reproducida por los denominados *compiladores*, de los que surgieron una importante pléyade entre los romanos.

En principio al pueblo latino, poco cultivado, le convenían estos resúmenes y *compendios*. Así por ejemplo, la obra de Antonino Liberal, escrita hacia los siglos II y III d.C., junto con sus *Transformaciones*, recoge en buena parte la compilación de las *Metamorfosis* de Nicandro, que sirvieron de tanta inspiración para Ovidio.

Además de la *Historia* del griego Polibio de Magalópolis, rehén de los romanos tras la batalla de Pidna, que aprovechó para su obra los *Anales*, Q. Fabio Víctor, el más antiguo de los historiadores romanos, posee gran importancia para nosotros la del erudito M. Terencio Varrón, contemporáneo de César, al que se deben muchas indicaciones respecto al conocimiento de la antigua historia de la cultura.

Un poeta alejandrino de la escuela de Calímaco, Partenio de Nicea, compuso para su patrón Galo, el amigo de Virgilio, un tratado de las *aventuras amorosas*, fuente de inspiración para los poetas romanos.

Los mitógrafos de lengua latina son menos numerosos que las de lengua griega y son imitadores de éstos. Quizás el más sobresaliente sea el gramático Higinio (64 a.C. - 17 d.C.). De origen hispánico, fue como esclavo a Roma, donde siguió las lecciones del gramático Cornelio Alejandro; fue emancipado por Augusto, quien le nombró bibliotecario de palacio. Según la versión tradicional, dos colecciones nos han llegado suscritas por él: las *Fábulas* y la *Astronomía Poética*, pero según una hipótesis moderna estas obras se habrían compuesto en el siglo II d.C., por lo que la paternidad del erudito liberto de Augusto se pone en duda. Sea como fuere y a pesar de las lagunas, contradicciones y absurdos de las Fábulas y Astronomía supuestamente «higíneas», son material de primer orden para el estudio de la Mitología y las Leyendas romanas.

Sobresalientes son también para nuestro cometido las biografías de hombres célebres: Rómulo, Numa, etc., escritas bajo el gobierno de Flavios y Antonios (siglo I y II d.C.) por Plutarco de Queronea, bajo en título de *Vidas Paralelas*, en las que coloca en parangón la biografía de una figura de renombre griega y una romana. La vivacidad y dramatismo de sus relatos le hicieron considerar en época moderna como el «Shakespeare biográfico de la historia mundial».

A la historia de Italia y de los pueblos itálicos se refieren los libros quinto y sexto del erudito geógrafo Estrabón, que vivió también en época de Augusto y escribió en griego como Plutarco.

La *Eneida*, escrita por Publio Virgilio Marón (70 a.C.-19 a.C.), es la epopeya nacional de los orígenes de Roma y a ella ya nos hemos referido suficientemente, claro exponente del parentesco ancestral y la comunidad de civilización entre Roma y Grecia expresado en la figura de Eneas, héroe homérico y virgiliano.

De Publio Ovidio Nasón (43 a.C. - 18 d.C.) se ha dicho que fue «la oveja negra» entre los poetas de la época augustal. De su producción nos interesa los *Fastos*, calendario poético de las fiestas romanas de los que, por desgracia, sólo fueron escritos los seis primeros libros, correspondientes a los seis primeros meses del año, y las *Metamorfosis*, consagradas a las transformaciones de los héroes mitológicos en plantas, animales o minerales, desde la creación del mundo hasta la apoteosis de Julio Cesar. En ella no hay que buscar profundas intenciones filosóficas. Es una sucesión de leyendas pintorescas o emocionantes destinadas a complacer los círculos mundanos de Roma. El autor mantiene el interés mediante variaciones del tono lírico o cómico y la presentación psicológica de los héroes. Las *Metamorfosis* de Ovidio han sido desde el Renacimiento fuente de inspiración para ilustrar la Mitología clásica.

Propercio (64 al 15 a.C.), imitador del griego Calímaco, en el libro VI de sus *Elegías* nos narra leyendas etiológicas de los lugares y ritos romanos: por ejemplo, la de Tarpeya o del culto a Júpiter Feretrio. Su continuador, Estacio (45 - 96), es autor de epopeyas como la *Tebaida* y la *Aquileida*, además de Silvas, breves pero interesantes composiciones líricas. De la misma época Valerio Flaco escribió unas *Argonáuticas* latinas inspiradas en las de Apolonio de Rodas, compuestas a mediados del siglo III d.C.

Como complemento de un tratado sobre los mitos romanos y la religiosidad, creencias, normas de conducta, etc, latinas, no podemos olvidar la obra de Marco Tulio Cicerón (106-43 a.C.), de la que afortunadamente se conserva en su mayor parte. Una descollante carrera política malograda prematuramente por su muerte, por razones políticas jamás admisibles, y un vastísimo ejercicio de la abogacía, no le impidieron consagrarse a vastos estudios.

Republicano convencido, debemos señalar aquí sus escritos filosóficos: las *Académicas*, las *Tusculanas*, *La vejez, La amistad, Los deberes,* etc., en los que busca determinar una ética para la vida pública y privada mediante una conciliación de las diversas escuelas griegas. También posee interés para nosotros su extenso epistolario, como introducción a la vida íntima de la alta sociedad de su tiempo.

Lucrecio (98 a.C. - 55 a.C.), con su poema filosófico *De la naturaleza de las cosas*, consigue una de las creaciones más originales del pensamiento latino y, tal vez, universal. Tras una crítica acerba de la religión y defendiendo las teorías materialistas de Epicuro, intenta explicar los fenómenos naturales por medio de razones científicas, que expresa entre admirables descripciones, en las que se identifica con los sufrimientos y las alegrías de la humanidad y de todos los seres vivientes. Sus ideas evolucionistas sobre los orígenes del mundo, de las especies vegetales y animales y de la cultura humana (libro V), son de un sorprendente modernismo.

La voluminosa obra de Lucio Anneo Séneca (4 a.C. - 65 d.C.), tío del poeta Lucano (autor del poema la *Farsalia*) y preceptor del megalómano emperador Nerón, desarrolla en estilo sentencioso la doctrina ética del Estoicismo que, por cierto, no parece haber practicado en su vida pública. Escribió además tragedias tomando como protagonistas héroes griegos, más destinadas a la lectura que a ser escenificadas. Tanto Séneca como Lucano fueron víctimas de la paranoia neroniana.

El primer novelista romano conservado es Petronio, probablemente el árbitro de la elegancia de la decadente sociedad aduladora de Nerón, que prefiere poner fin a su vida antes de continuar haciéndole el juego. Los fragmentos que se poseen de su obra *El Satiricón,* relatan en primera persona las aventuras cómicas y licenciosas de dos pícaros y un joven esclavo, brindando una descripción caricultural de las creencias, ritos, costumbres, etc., de su tiempo. Ya en el siglo II, Apuleyo es autor de *El asno de oro* (o las *Metamorfosis*) donde se contienen singulares detalles sobre la magia y el culto a Isis.

El género epistolar se fortalece con Plinio el Joven, que toca toda clase de temas, lo que hace de sus Cartas una importante fuente histórica, en especial las que intercambió con su amigo el emperador Trajano (libro X).

De los numerosos historiadores, dos merecen nuestra atención. Tácito, alto funcionario imperial —fue cónsul bajo Nerva—, estudió en los *Anales*[3] y en las *Historias* los sucesos desde la muerte de Augusto a la de Domiciano. Ambas obras se conservan fragmentariamente e insisten en las intrigas de la corte, la tiranía de los emperadores y el ocaso del orden senatorial. Su contemporáneo Suetonio, en su colección de *Vidas de los Césares, de Julio César a Domiciano*, se dedica a acumular anécdotas y detalles personales con una amenidad de lectura que, sino es muy científica, si lleva a un grado sumo una minuciosa chismografía.

Durante el reinado de los Antoninos (siglo II d.C.), la lengua griega experimenta un renacimiento acorde con las facilidades que brindaba una época de paz y prosperidad. Los emperadores aman y protegen la cultura helénica; Marco Aurelio redacta en griego sus *Pensamientos*, testimonio de una personalidad reflexiva y bondadosa que se esfuerza por vivir según el ideal estoico.

El gran burlón que fue Luciano de Samosata, ridiculiza en sus *Diálogos* a las sectas filosóficas y a los predicadores de nuevas religiones que proliferaban por toda Grecia y el Oriente; pero su anhelo de resucitar el pensamiento ático (en especial el siglo de Oro ateniense, siglo V a.C.) no pasaba de un sueño.

A partir de entonces, aislada de sus fuentes populares y de su base religiosa, la mitología evoluciona siguiendo diversas líneas: mística con los neopitagóricos, moralizante con los epicúreos y estoicos, ensayos literarios o plásticos reflejados estos últimos en la estatuaria o la pintura. De esta forma, más que una recopilación de creencias, la mística se transforma en un instrumento de expresión, una retórica o una poética en sí misma. Sin reivindicar ya para ellas un valor absoluto, son el resultado lógico de una larga evolución espiritual que refleja la importancia que han tenido en la historia del pensamiento humano.

Durante el siglo II, el cristianismo comienza a difundir escritos proselitistas y polémicos que formarán parte primordial de la producción grecolatina de las centurias siguientes; el estudio de ese conjunto —*la patrística*— es ineludible para quien desee profundizar en la última parte de esta obra.

Las fuentes latinas paganas viven, desde la crisis general del siglo III,

3. Cuyo título recuerda la obra de Quinto Ennio (293-189 a.C.), padre de la epopeya romana nacional en hexámetros latinos.

un período de profunda decadencia; casi nada se produce de original, aunque sigue cultivándose el estudio de los mitos del pasado. A fines del siglo IV, un último destello: algunos nombres apreciables: Claudiano, Ausonio, Rutilio Namaciano y el historiador Amiano Marcelino... Era el fin. El triunfo del cristianismo acarreaba consigo un cambio de actitudes, tradiciones y valores. Reliquia arqueológica, la Mitología Clásica y sus leyendas pervivirán a través de Bizancio y su estudio eclosionará con fuerza ya entrada la Baja Edad Media (siglo XIII) y culminará de nuevo en ese brillante período que se conocerá como Renacimiento.

DIOSES MITOLÓGICOS GRIEGOS CON SUS ATRIBUCIONES Y EQUIVALENCIA ROMANA

Nombre Griego	*Atribución*	*Nombre romano*
CRONOS	Dios del tiempo	SATURNO
GEA	Diosa de la tierra	TELLUS
ZEUS	Dios del Universo	JÚPITER
HERA	Diosa del Matrimonio	JUNO
ATENEA	Diosa de la Sabiduría	MINERVA
ARTEMISA o ARTEMIS	Diosa de la Caza	DIANA
APOLO	Dios de las Artes, la Luz y de la Belleza.	FEBO
HERMES	Dios del Comercio	MERCURIO
ARES	Dios de la Guerra	MARTE
HEFESTOS o HEFAÍSTOS	Dios del Fuego	VULCANO
AFRODITA	Diosa de la belleza	VENUS
EROS	Dios del Amor	CUPIDO
POSEIDÓN	Dios del Mar	NEPTUNO
HESTIA	Diosa del Fuego Sagrado	VESTA
DEMÉTER	Diosa de la Agricultura	CERES
DIONISIO	Dios del Vino	BACO
ASCLEPIOS	Dios de la Medicina	ESCULAPIO
HADES	Dios de los Muertos y de los Infiernos	PLUTÓN
PERSÉFONE	Diosa de los Infiernos	PROSERPINA
HERACLES	Héroe divinizado	HÉRCULES

DIOSES PROPIAMENTE ROMANOS Y SUS ATRIBUCIONES

DIOSES MANES	Espíritu de los antepasados
DIOSES LARES	Protectores del Hogar
DIOSES PENATES	Aprovisionadores de la familia
DIOSES ALEGÓRICOS	Justicia, Ley, Libertad, Naturaleza, etc.
MOMO	Dios de la Risa
MORFEO	Dios del Sueño
VERTUMNO	Dios de los Jardines y de los Pastores
POMONA	Personificación de la Naturaleza
SILVANO	Protector de los Bosques, Pastores y Rebaños
CUPIDO	Dios del Amor

RESUMEN CRONOLÓGICO DE LOS HECHOS MÁS IMPORTANTES DE LA HISTORIA ROMANA

a. C

1000	Edad del hierro		
800	Los etruscos se instalan en Italia		
753	Fundación de Roma		
750	Régimen Monárquico		
535	Batalla de Alalia		
509	Régimen Republicano		Comienza la influencia cultural Griega
396	Toma de Veies	Los plebeyos acceden al	
387	Los Galos saquean Roma	consulado (367)	Traducción de la *Odisea*
290	Victoria sobre los samnitas	Los plebeyos pueden ser	por Livio Andrónico
272	Federación de las colonias Griegas	censores.	
264	Primera guerra Púnica (264-241)	Los plebeyos acceden a	Plauto crea el teatro
226	Tratado del Ebro	cargos sacerdotales (300)	romano (m.184)
218	Segunda guerra Púnica (218-201)		
148	Destrucción de Cartago		
146	Anexión de Macedonia		
136		Guerra de los esclavos	
133	Anexión de Pérgamo	Intento reformador de los	Varrón (116-27)
	Toma de Numancia	gracos	Cicerón (106-43)
89		Ciudadanía a itálicos	Salustio (86-35)
82	DICTADURA de Sila (82-79)		Virgilio (70-19)
73		Rebelión de Espartaco	Horacio (65-8)
60	PRIMER TRIUNVIRATO		Tito Livio (59a.c.-17d.c.)
45	César, DICTADOR PERPETUO		
43	SEGUNDO TRIUNVIRATO		
31	Batalla de Actium		
27	PRINCIPADO de Octavio		

d. C

14	DINASTÍA JULIO CLAUDIA		Séneca (4-65)
54-68	Nerón	Primera gran persecución	
69	DINASTÍA FLAVIA	cristiana	Tácito (54-120)
70	Tito destruye Jerusalén		
96	EMPERADORES ADOPTIVOS		
98-117	TRAJANO		Tertuliano (160-220)
117-138	ADRIANO		
193	DINASTÍA DE LOS SEVEROS		
212		Caracalla concede la	
235	ANARQUÍA MILITAR	ciudadanía a todo el imperio	
284-305	Diocleciano		
312-337	Constantino		
313		Edicto de Milán	1º Concilio Ecuménico
394	Teodosio	Edicto de Tesalónica	San Agustín (354-430)
395	División del Imperio		

BIBLIOGRAFÍA

BERGUA, J. B.: *Mitología Universal (Todas las Mitologías y sus maravillosas leyendas)*. Clásicos Bergua, 2 vols. Ed. Ibéricas, Madrid, 1962

BLOCH, R. Y COUSIN, Jean: *Roma y su destino*. Ed. Labor, Barcelona, 1967.

FRAZER, sir J. G.: *The Golden Bough: A Study in Magic and Religion*. Londres, 1911-1915 (12 vols.). Versión castellana: *La Rama dorada*: *Tratado de la magia y de la religión*.

ESCOBEDO, J. C.: *Diccionario enciclopédico de la Mitología*. Ed. de Vecchi, Barcelona, 1985.

GRIMAL, Pierre: *Diccionario de Mitología Griega y Romana,* Ed. Paidós, Barcelona, 1984.

—. *Mitologías del Mediterráneo al Ganges*. Ed. Planeta, Barcelona, 1966.

HAMILTON, Edith: *La Mitología* (Grecia, Roma y norte de Europa). Ed. Daimon, Barcelona, 1984.

HUMBERT, J: *Mitología griega y romana*. Ed. Gustavo Gili, Barcelona, 1984.

MONTANELLI, Indro: *Historia de Roma*. Ed. Plaza y Janés. Barcelona, 1963.

MOREAU DE JONNÉS: *Los tiempos mitológicos*. Ensayo de reconstitución histórica. *Cosmogonías*. Ed. Schapire, Buenos Aires, 1947.

PERICOT, Luis y BALESTER, Rafael: *Historia de Roma*. Ed. Montaner y Simón, Barcelona, 1963.

PEROWNE, Stewart: *Mitología Romana*. Ed. de la Magrana, Barcelona, 1983.

RUIZ de ELVIRA, A.: *Mitología clásica*. Ed. Gredos, Ma- drid, 1984.

USHER, Kerry: *Emperadores, Dioses y Héroes*. Ed. Anaya, Madrid, 1984.

VARIOS: *Diccionario de la Mitología Clásica*. Alianza Editorial, Madrid, 1983.

VIRGILIO: *La Eneida*. Edición a cargo de Mª de Dulce Nombre Estefanía. Ed. Bruguera, Barcelona. 1972.

CELIAR, Enrique; SEGARRA, Mena: *La civilización Romana*. Cincel-Kapelusz, Madrid, 1980.

BERMEJO, J. C.: *Mitología y mitos en la Hispania prerromana*. Akal, Paracuellos, 1986.

TACCHI VENTURI, Pietro: *Storia delle religioni*. Milano, 1954. 4ª Ed. Hay edición española con el título *Historia de las religiones*.

Índice

Introducción 7

Leyendas históricas 10

Los tiempos plenamente históricos 60

Los grandes dioses griegos en la mitología romana 66

Divinidades menores propiamente romanas, héroes y heroínas 107

El calendario 145

La religiosidad tradicional en crisis: El culto imperial 159

Epílogo 181

Las fuentes 183

Dioses mitológicos con sus atribuciones y equivalencia romana 189

Dioses propiamente romanos y sus atribuciones 189

Resumen cronológico de los hechos más importantes de la historia romana 190

Bibliografía 191